Reisetagebuch

Atlantiküberquerung und Inselhüpfen in der Karibik

Teneriffa - Martinique, St.Lucia,
St.Vincent + Grenadines, Dominica

Hermann Dünhölter

Books on Demand

© Hermann Dünhölter

Ausgabe 2014

2. Auflage Juni 2015

ISBN 9783738621235

Herstellung und Verlag

BoD - Books on Demand

Norderstedt

19.11.2011
Reisefertig. Wie sehr sich die Situationen gleichen in den letzten drei Jahren: Eine große Reise steht bevor, viel Ungewissheit über das zu Erwartende. Und doch ist es diesmal anders. Zum einen schleicht sich so etwas wie Routine ein, man weiß, was man mitnehmen möchte, die Sachen sind schnell gepackt. Insofern bin ich recht entspannt, ja geradezu gelassen. Anders die Reaktion von manchem in meiner Umgebung. Sie haben allerdings auch nicht die Erfahrung von ca. 9500 sm auf eigenem Kiel, große Strecken einhand gesegelt. Hinzu kommt, dass ich als Student bereits viermal den Atlantik überquert habe, zweimal Ost-West, zweimal West-Ost, als Messesteward auf einem Hapag-Lloyd Frachtschiff. Atemberaubend die Gewalt der Stürme auf dem Nordatlantik, haushohe Gischt-Fontänen über dem Bug, heftiges Erzittern des massiven Schiffskörpers bei jedem Brecher, der gegen die Bordwand wuchtete. Einmal sah sich der Kapitän sogar gezwungen, den Kurs zu ändern und direkt gegen an zu gehen in die tobende See. An Schlaf war nicht mehr zu denken, die Gegenstände in der Kabine führten über ein, zwei Tage ein Eigenleben, sie rumpelten nur noch von einer Ecke in die andere. Wie es der Zufall wollte, berichtete bei der letzten Versammlung meines Segelvereins Anfang

November – ich hatte tags zuvor meine Reise endgültig gebucht - ein Ehepaar über die Teilnahme an einer Regatta von Newport USA bis zum englischen Kanal. Sie waren nur zu viert an Bord, mussten also sehr viel Wache gehen. Bei Schwerwetter standen sie am Steuer in Gischtwolken, einmal löste sogar die automatische Rettungsweste beim Rudergehen aus. Der Kopf wird durch das Aufblasen der Luftkammern stark nach oben gedrückt, damit man im Fall einer Ohnmacht, in der See schwimmend, weiterhin frei atmen kann. Steuern wird unter diesen Umständen schwierig bis unmöglich. Derlei Ungemach scheint wenig wahrscheinlich auf der sog. Barfußroute. Bei tropischen Temperaturen wird uns hoffentlich ein steter Passatwind zügig vorantreiben, wenn auch unter starken Schiffsbewegungen. In den letzten Wochen rief ich täglich die Internet-Seite grib.us auf. Dort kann man sich anmelden, vorher auf dem PC einen Ordner anlegen, in dem die abgerufenen Daten gespeichert werden sollen, aus der Weltkarte einen Bereich heraus zoomen, über dessen Windverhältnisse man informiert werden möchte, und schon eröffnet sich wie von Geisterhand ein Chart mit Windpfeilen und Wolkenformationen, deren Farbe und Länge das Wetter für die kommenden 5 Tage widerspiegeln. Bislang war alles im grünen

Bereich, 4 – 6 Beaufort, kaum Niederschlag. Das sollte sich eigentlich auch nicht ändern.

Zu den weiteren Bedenken zählte auch die Vorstellung, wie sieben Menschen für ca. 20 Tage auf engem Raum zusammen sein können ohne die Möglichkeit auszusteigen, unvorstellbar für viele. Sicherlich ist eine 15m Yacht für ein Boot durchaus geräumig, aber andererseits auch kein Raumwunder. Es ist für mich das vierte Mal, dass ich beim Skipperteam Schoenicke eine Koje chartere. Die anderen Törns gingen von Kiel nach Holland, von Mallorca nach Dubrovnik und von Flensburg nach Stralsund. Bei keinem Törn gab es irgendwelche Probleme im Miteinander. Vermutlich liegt es daran, dass die See immerzu Aufmerksamkeit fordert und es daher immer etwas zu tun gibt. Natürlich braucht es auch eine gehörige Portion Gottvertrauen und das Wissen um die Fähigkeit, mit anderen verträglich handeln und auskommen zu können. Von den Mitseglern, die gelegentlich bei mir an Bord waren, ist noch niemand vorzeitig ausgestiegen (ausgenommen bei Seeunverträglichkeit). Das soll bitte schön – hoffentlich – so bleiben...

Zum anderen schwebten die Ereignisse des vergangenen Jahres wie eine unsichtbare Nebelschwade im Hintergrund. Einmal ernsthaft mit der Endlichkeit auf diesem Erdenrund konfrontiert worden zu sein, das ließ sich nicht abschütteln. Das hat aber auch ein Gutes: Man wird entschlussfreudiger, hadert weniger mit sich und den Mitmenschen, geht couragierter an die Dinge heran, lässt sich nicht mehr ein auf faule Kompromisse, fühlt sich irgendwie freier in allem Tun.

So, nur noch wenige Stunden, dann wird der Wecker um 3:00 Uhr klingeln, das Flugzeug startet bereits um 6:00 Uhr. Klasse, was der HVV zustande bringt. Auch zu dieser sehr frühen Morgenstunde ist die Anfahrt zum Flughafen problemlos mit öffentlichen Verkehrsmitteln möglich.

20.11.2011

Ein ganz langer Tag. Am Vorabend zogen sich die Dinge noch lange hin, bis man wirklich alles geregelt und zusammengesucht hatte, dauerte es eben. Entsprechend spät kam ich erst ins Bett, dafür aber mit dem beruhigenden Gefühl, mich gut vorbereitet zu haben.

Schon um 2:45 wurde ich wach, dann doch aufgeregt.

Im 5er-Bus hatte ich den ganzen Bus für mich, als einziger Fahrgast. An der Hoheluftbrücke rollte eine rappelvolle U-Bahn ein, die

Nachtschwärmer von St. Pauli auf dem Heimweg.
Es ging aber alles nach Plan, um 4:30 Uhr war ich rechtzeitig am Flughafen.
Dann die übliche Prozedur, einchecken, anschnallen, und Abflug. Nach 4,5 Std. landete der Hamburg Airline Flieger auf Teneriffa. Wenig später stoppte das Taxi in der Marina

San Miguel. Dort begrüßten mich der Skipper und Antje, eine Mitseglerin aus der Schweiz. Nach und nach trudelten auch die anderen ein: Mirja aus der Nähe von München, Roberto aus Frankfurt, Jürg aus der

Schweiz und Micha aus Deutschland, aber schon lange in der Schweiz lebend, allesamt sehr nette Leute. Dann eröffnete der Skipper die Begrüßungsrunde, und anschließend wurde der Einkauf geplant.
Das Planen dauerte ca. 3 Std. Die Youngsters zog es noch in ein Restaurant, ich ließ den Tag an Bord ausklingen, fiel todmüde in die gemütliche Koje.

21.12.2011

Beim Blick aus dem Cockpit lag Teneriffas zentrales Bergmassiv zum Teil in Nebel verhüllt, zum anderen leuchteten die Felsen goldfarben in der Morgensonne.
Im Café beim Hafenmeister wurde Kaffee getrunken, dann ging es gleich zum Einkauf in den nahegelegenen Supermarkt. Insgesamt füllten sich mindestens neun große Einkaufswagen mit Getränken und

Lebensmitteln, die Kassiererin machte ihre persönliche Höchstmarke von 972,- € für eine einzige Rechnung.

Damit dürften wir keinen Mangel erleben, auch wenn der Törn etwas länger als geplant verlaufen sollte. Somit waren wir startklar. Der Skipper und die Youngsters gingen noch zum Essen aus, ich machte es mir gemütlich an Bord mit Serrano Schinken und einem kleinen Glas Rotwein.

22.11.2011
Morgens gab´s noch ein ordentliches Frühstück, dann ein letztes Email-Checken, ein vorerst letzter Blog-Eintrag, und wir waren startklar. Bei schwachen Wind abgelegt, schon kurz hinter der Hafenmole erhebliches Schaukeln. Das Boot wiegte sich im Wind, die schiere Masse sorgte für ruhige Bewegungen. Schon bald erreichte die See ca. 3 Meter Höhe, entsprechend stark das Rollen. Der Wind ließ sich auch nicht lumpen und wehte mit ca. 6 – 7 Beaufort, recht sportlich für den ersten Segeltag. Wir machten aber gute Fahrt,

das sollte für ein gutes Etmal sorgen, ca. 7 – 8 kn. Mir gefiel´s. Gegessen wurde an diesem Tag wenig und nicht alle konnten das Wenige behalten.

Die Stimmung aber konnte das nicht trüben. Am Abend begann das Wache-

Gehen, zwei Crewmitglieder für jeweils vier Stunden.

23.11.2011
Meine Wachen fingen immer mit dem neuen Tag an, von Mitternacht bis 4:00 Uhr. Roberto,

Mitarbeiter einer großen deutschen Fluglinie mit peruanischen Wurzeln, ging mit mir

Wache, wir wechselten uns zu jeder vollen Stunde am Steuerrad ab. Den größten Teil musste ich leider Ruder gehen, da Roberto noch mächtig mit der Seekrankheit zu kämpfen hatte.

Zum Schluss hatte ich sehr starke Schmerzen in der rechten Schulter. Dabei war es keineswegs kalt, aber der Wind nahm zwischenzeitlich bis auf 8 Beaufort zu. Umso toller der Eindruck: manches Mal rauschte es gewaltig von achtern her und eine Riesenwelle surfte unter dem Boot durch. Da der Kompass ziemlich hell erleuchtet war, konnte man von der See nur wenig erkennen, eine schwarze Masse in heftiger Bewegung. Dafür erstrahlte ein wunderschöner Sternenhimmel. Todmüde fiel ich um 4:00 Uhr in die Koje.

Frühstück: Tee gekocht, zum Kaffeekochen zu starke Dünung. Wache von 12:00 Uhr bis 16:00 Uhr, mäßiger Wind bei Restdünung. Kaffee mit schönem Schoko-Kuchen. Abendessen Spaghetti Bolognese und Salat. Es kam ganz langsam etwas Routine rein...

24.11.2011
Das Wache-Gehen war nicht sehr angenehm auf unserem schweren Schiff, das auf Ruderdruck nur langsam reagierte, entsprechend häufig lief es aus dem Ruder. Kein Vergleich mit der Pinnen-Steuerung bei mir an Bord. Ungeduldig wartete ich darauf, dass Robereto übernehmen würde. Schön war, dass wir viel klönten und uns so wach halten konnten. Am Vormittag nahm der Wind weiter ab, die See beruhigte sich, und der Skipper ging auf Vorwindkurs.

Die Segel wurden ausgereeft, allerdings

machten wir trotzdem nur wenig Fahrt. Bei 2 – 4 kn würde es endlos dauern, bis wir die restlichen 2500 sm bis zu unserem Ziel erreichen würden. Glücklicherweise frischte es am Abend weiter auf, sodass wir einen Teil wieder gut machen konnten.

Dann um 14:00 Uhr wurde die Schleppangel ausgeworfen, und tatsächlich biss bereits nach gut einer Stunde ein Fisch an. Der Skipper musste mit aller Kraft die Angel halten, und nach einigen Minuten kam ein wunderschöner, in leuchtendem Grün und Blau schillernder Fisch in Sicht. Micha sollte ihn packen, das Prachtstück war bereits auf der Badeplattform aus dem Wasser gezogen, dort zappelte es aber heftig und konnte sich befreien. Bedauern und Freude darüber hielten sich die Waage. Kurz vor dieser spannenden Aktion sichtete Roberto das Blas eines Wals, zu dem Zeitpunkt noch weit voraus.

Das Tier näherte sich aber unserem Kurs, und wir konnten erkennen, dass es eine Gruppe von Walen war. In einigen hundert Metern drehten sie ab, vorher noch mit der Schwanzflosse grüßend :) Als nicht so schön stellte sich heraus, dass der Generator an Bord einen Defekt hatte. Warmwasser bereiten, duschen, Batterien aufladen usw. würde nicht mehr ganz so elegant erledigt werden können.

Am Abend wieder gemeinsames Essen im Cockpit, Tortellini und Salat. Frohe Stimmung, viel Lachen, Zufriedenheit an Bord.

25.11.2011
Wache-Gehen wieder zu dieser unchristlichen Zeit, brr. Dafür gute Bedingungen, 5-6 Beaufort, Passat-Besegelung, knapp 6 kn

Fahrt. Bernd, unser Skipper, war sehr bedacht darauf, das Material zu schonen. So fuhr er lieber mit etwas weniger Segelfläche und nahm Geschwindigkeitsverlust in Kauf. Mehrfach schlug ich vor, etwas mehr aus zu reffen, dadurch fühlte er sich aber angegriffen. Er stellte klar, dass er die Verantwortung hatte.

Es war seine Erfahrung, die mich einsehen ließ. Weitere Vorschläge zur Seemannschaft wollte ich nun nicht mehr unterbreiten. Stattdessen widmete ich mich einmal mehr der Pantry. Solch ein Törn war keinesfalls

etwas für Hygienefreaks. Man konnte einfach kaum die eigentlich nötige Sauberkeit einhalten, die Spüle, der Kühlschrank, die Arbeitsflächen, die Toilette etc., alles litt unter der ständigen Schaukelei und der Enge.

Wir kamen aber sehr gut voran an diesem Tag, zumal der Wind stetig zunahm. Um 17:00 Uhr nahmen wir sogar das komplette Großsegel runter, liefen allein mit der gerefften Genua noch 6 kn.

Am Abend kochte Roberto Kartoffelsuppe, sehr lecker.

26,11,2011

Um Mitternacht stand Bernd am Steuer anstatt einer der Jungs. Es hatte wieder gewaltig aufgefrischt mit Boen von 45 kn, Windstärke 9!

Die Wellenberge türmten sich und die schwarze See wurde unheimlich. Die Fock stand nur noch mit ca. 1-2 qm, entsprechend langsam kamen wir voran. Erst ging Roberto Wache, dann folgte ich mit einem etwas mulmigen Gefühl. Aber das Boot reagierte wie auch sonst sehr gutmütig, es war einfacher als gedacht, über die Wellenberge und –täler zu steuern. Derweil konnte sich der Skipper etwas ausruhen, denn den Mädels wollte er das Steuern unter diesen Bedingungen nicht zumuten. Robertro und wir verabschiedeten uns in die Kojen, nur noch schnell der Logbucheintrag und schon konnten wir versuchen, etwas Schlaf zu finden. Bei der starken Schaukelei und Krängung war das jedoch nicht möglich.

Um 7:00 Uhr stand ich auf und lugte aus dem Niedergang. Der Wind hatte sich nicht gelegt, und Bernd stand immer noch am Steuerrad, nun bereits drei Stunden lang. Natürlich bot ich an zu übernehmen, was er dankend annahm.

Um 8:00 Uhr bei aufgehender, wunderschöner Morgensonne sah die Wasserwelt für Jürg und Micha auch nicht mehr so bedrohlich aus, und es bedurfte nicht viel, sie zum Steuern in ihrer Wache zu überreden. Ich verzog mich wieder unter Deck, genoss ein schönes Frühstück.
Heftiger Wellengang, Schiff verhielt sich sehr gutartig. Eigentlich der perfekte Wind aus Ost-Nord-Ost. Der Skipper blieb seiner Devise treu, früh einreffen, spät ausreffen. Daher kamen wir nur mit ca. 3-4 kn voran. Ich fing an mit einem neuen Buch, einem Geburtstagsgeschenk: *Eine Frage der Zeit* von *Alex Capus*. Der Roman handelte über das koloniale Deutsch Ost-Afrika.

Abends gab´s die kleine große Küche aus der Schweiz von Antje und Jürg: Mozzarella mit Tomaten, Paprika-Tomaten-Risotto, frische Ananas und einen Schokolade. Fröhliche Runde am Cockpit-Tisch. Wichtigstes Gesprächsthema: Schnarchen. Die Mädels leugneten, die Herrn gaben unumwunden zu, dass ein 4-stimmiger Chor im Orchestergraben des Vorschiffs musizierte.

27.11.2011
Wachwechsel um Mitternacht, immer noch Wind bis 30 kn., Fahrt um die 3 kn. Irgendwann lugte der Schieber über die Niedergangschotts, und – oh Wunder – er erlaubte, dass wir die Genua ca. 20 cm weiter ausrollen durften, was ca. 1 kn mehr an Fahrt bedeutete. Die Wache zog sich trotzdem hin, Roberto schlief in meiner Wache meist ein, auf seiner Wache hielt ich das Gespräch in Gang, ließ die Gedanken in alle möglichen Ecken wandern. Es gibt Menschen, die auf meine gedanklichen Ausschweifungen verwundert reagieren, Roberto nahm´s gelassen und hörte sich alles ganz geduldig an :) Tiefer Schlaf im Anschluss an die Wache. Schönes Frühstück, lesen, photographieren, Kaffee trinken, Kuchen (Panettone, eine italienische Spezialität) essen, Abendessen vorbereiten, ruhen und wieder Wache gehen. So sah nun der Bordalltag aus. Da war es eine Abwechslung, dass ein Frachter uns

recht nah an Steuerbord passierte und dass der I. Offizier uns per Funk anrief.

Ich durfte auf UKW antworten. So erfuhren wir, dass er von Lissabon nach Brasilien unterwegs war, dass wir wettermäßig keine Probleme zu erwarten hätten. Er wünschte uns gute Reise. Sein Angebot, mit Ausrüstung oder anderen Dingen zu helfen, brauchten wir – Gott sei Dank – nicht in Anspruch nehmen. Dann entschwand er langsam aber stetig in der sich spiegelnden Sonne hinter der Kimm.
Abends leckere Kartoffelpfanne von Micha, als Dessert Kaki-Frucht von Antje eingekauft.. Nach wie vor gute Stimmung an Bord, alle waren ziemlich diszipliniert und gaben sich Mühe. Die Pantry wurde immer recht gut sauber gehalten, Geschirr gleich aufgewaschen, hilfreiche Hände überall.
Dann zog ich mich in die Koje zurück, um noch etwas zu lesen. Inzwischen war sie mir

vertraut und durchaus heimelig geworden, obwohl ich sie in Ermangelung von Stauraum mit all meinen Sachen, Kleidung etc. teilen musste, also ein ziemliches Chaos um mich herum.

28.11.2011
Die Nacht erwartete Roberto und mich wieder mit viel Wind und wenig Segelfläche, d.h. ca. 3 kn bei bewegter See. Inzwischen kannten wir das Boot gut genug, um zu wissen, dass das Steuern wieder schwierig werden würde. Der Kompasskurs pendelte ca. 30 bis 40 Grad, anstrengend. Aber dann war auch diese Wache vorüber, noch den Logbuch-Eintrag um 4:00 Uhr und schon konnte ich nicht nur zum Ruhen, sondern zum richtigen Nachtschlaf in der Koje finden. Seit zwei Tagen bewährte sich ein sog. Lee-Segel, das ein Herausrollen aus der Koje verhinderte.

Frühstück um 8:00 Uhr. Die Mädels verzogen sich wie gewöhnlich in die Achterkajüte, ohne noch darauf zu warten und etwas zu sich zu nehmen. Der Skipper und ich, wir saßen im Salon und genehmigten uns Kaffee und Tee, Toast mit Schinken, Käse und Marmelade.

Anschließend las ich mein Buch zu Ende, empfehlenswert. Eine Woche war nun vergangen, seitdem wir Teneriffa verlassen hatten. Inzwischen machten sich die guten und die schlechten Seiten des Schiffes immer deutlicher bemerkbar. Die Doppel-Türen der

Schapps waren nur umständlich zu öffnen, das Süll in der Plicht hatte nur wenig Höhe, eine bequeme Sitzposition war nicht möglich. Im unteren Rücken stieß man immer auf eine harte Kante, auf Dauer äußerst unbequem. Die Stäbigkeit war natürlich ein Vorteil, nachteilig die daraus resultierend geringe Geschwindigkeit. Es war nur zu hoffen, dass der kräftige Wind nicht nachlassen und wir immer genügend Schub haben würden.

Am frühen Nachmittag legte der Skipper seine

Freddy Quinn CD ein. Einige Songs wirkten sehr berührend in dieser großartigen Umgebung, Die Youngsters konnten mit der Musik natürlich nichts anfangen, sie konterten später mit ihren Lieblingssongs. Mir wurde das etwas zu viel mit der Musik, ich hörte lieber das Rauschen des Meeres.

Nachmittags dann wieder der Ruf: „Fisch an der Angel". Alle stürzten an Deck, der Skipper bediente die Angelrute, auf der ein mächtiger Zug lastete. Der Fisch hatte eine ganze Menge Schnur herausgezogen.

Es dauerte eine Weile, bis Bernd Stück für Stück unser Abendbrot näher zum Boot heranholen konnte. Schließlich war es soweit, es zappelte an Deck, mehrere beherzte Schläge auf den Kopf, ein Schnitt durch die Kiemen, und die Goldmakrele lag fast küchenfertig bereit. Das Filetieren übernahm ich, ebenso das Abschneiden der Flossen.
Die Stücke wurden noch in Mehl gewälzt, bevor sie in der großen Pfanne kurz durchgebraten wurden. Dazu machten die Schweizer wiederum ein leckeres Limetten-Risotto, ein Gläschen Weißwein, perfekte Mahlzeit.
Noch in den Nachmittagsstunden bekamen wir Besuch von einer Schule Delphine. Schon

im Anschwimmen waren sie in ca. 1 m Tiefe gut zu erkennen, der ein oder andere zeigte sich kurz über Wasser, dann verschwanden sie wieder in den Weiten der Atlantiks.

29.11.2011
Starker Wind, aber gar nicht mehr kalt, ich verzichtete erstmals bei der Nachtwache auf mein Ölzeug. Seit gestern hatte der Skipper nicht mehr ganz so viel Bedenken, etwas mehr Tuch stehen zu lassen. Das Groß hatte er zwar ebenfalls geborgen, denn um 21:00 Uhr setzte wie schon in den Tagen zuvor ein heftiger Wind ein. Die Genua stand aber zu ca. 60 % und das erlaubte ein flotte Fahrt von ca. 6 kn. In der Nacht wirkte das noch schneller als am Tag, wenn die Gischt der Bugwelle am Schiff vorbei rauschte. Kurzweilige Wache.
Relativ langer Schlaf bis ca. 8:45 Uhr, anschließend Frühstück. Es waren noch Toastscheiben vom Vortag in der Backröhre, die verarbeitete ich zu „Armer Ritter", einem sehr beliebten Gericht der Nachkriegszeit. In Ei gewälzt, in der Pfanne gebraten, lecker!
Morgens Umscheren des Genuabaums von Backbord auf Steuerbord. Mein Käppi ging dabei über Bord, schade, ich mochte es so gern. Nicht schlimm,, hatte noch zwei weitere mit, wusste ja, wie schnell eines verloren gehen kann. Viel Zeit zu lesen, zu dösen, zu ruhen...

Mirja, Studentin in spe und ich bereiten das Abendessen: Tomaten-Gurken-Salat, Penne mit fertiger Champignon-Soße. Dabei kamen wir etwas ins Gespräch. Ich hatte mich gewundert, dass jemand fast ohne Vorerfahrung (sie war lediglich mal mit einer Jolle auf dem Ammersee gesegelt) gleich einen Atlantiktörn mitmacht. Was für gestandene Skipper die Krönung ihrer Segelkarriere bedeutet, einmal einen Ozean zu queren, das scheint die I-pad-I-pod-I-phone-Generation als nichts Besonderes anzusehen. Sie reiht einfach eine Weltweit-Unternehmung an die andere: als nächstes plante sie einen Kung-Fu Kursus in einem chinesischen Shaolin-Kloster. Zu ihrer Ehrenrettung muss allerdings gesagt werden, dass sie von Anfang an unseren schwerfälligen Dampfer perfekt steuerte, ein Naturtalent, zweifellos eine intelligente, aufgeweckte junge Frau. Sie ist auch Beweis dafür, dass segeln lernen eigentlich ganz einfach ist.

30.11.2011

Angenehm frischer, aber keineswegs kühler Wind empfing uns um Mitternacht, Regenzeug blieb wieder unter Deck. Überhaupt segelte unsere NONO sehr trocken. Nur dreimal schwappte ein Schwall Atlantik-Wasser ins Cockpit, ansonsten blieb es auch bei hoher Welle absolut trocken. Die erste Stunde verstrich wie im Flug, da erschien Skipper

Bernd im Niedergang und bot an, auch mal Wache zu gehen, damit ich mich ausruhen könne. Das nahm ich gerne an. So hatte ich mehr als reichlich Schlaf. Am Morgen hielt ich für richtig, mich mal etwas gründlicher zu reinigen. Alle anderen hatten schon mehrfach eine Dusche aus der Pütz genommen, bislang hatte ich mich nur mit Waschlappen gewaschen. Ich zog die Badehose an, bewaffnete mich mit Duschgel, Shampoo, Handtuch und der Pütz, setzte mich an Deck und goss mir das Wasser eimerweise über den Kopf. Anschließend seifte ich mich ein und spülte mit weiteren Eimern nach, sehr erfrischend bei angenehmen 27 Grad Wassertemperatur.

Die Aufregung der ersten Tage hatte sich nun weitgehend gelegt. Der Rhythmus des Wache-Gehens bestimmte den Bordalltag, Segeltrimm, Logbucheintrag, Backschaft,

reinigen, lesen, sonnenbaden, Essen zubereiten, ein Plätzchen suchen an Deck und die Aussicht genießen, die Angel ausbringen, duschen, Zähne putzen, photographieren, so verstrich die Zeit.
Und wieder biss ein Fisch an, wieder eine Goldmakrele, diesmal zubereitet mit Zwiebeln

und in Weißwein gedünstet. Dazu gab es das erste selbstgebackene Brot, welches allerdings nicht viel Anklang fand, es schmeckte gar nicht, schade.
Nachmittags stellte sich nun gewöhnlich eine gute Stimmung ein. Alle kamen an Deck ins Cockpit oder aufs Achterdeck, gerne wurde Musik gehört. Die Anlage hatte tatsächlich einen guten Klang, die Musik des Tages lieferte das I-Phone von Jürg, afrikanisch angehauchte, teils meditative Musik mit Jazz-Elementen, sehr interessant. Wir hatten uns

geeinigt, dass täglich für ein bis zwei Stunden das Rauschen des Meeres von Lautsprecherklängen übertönt wurde.

Nach dem Abendessen blieben wir noch eine ganze Weile im Cockpit sitzen, und wir bekamen das Thema MOB, Mann über Bord, an den Wickel. Leider wurde es zum Teil mit Späßchen unterlegt, sodass eine ernsthafte Anweisung und Instruktion ausblieb. Ich hätte gerne darüber gesprochen, ob ein Beidrehen ggf. das Manöver der Wahl wäre, stieß dabei aber auf keinerlei Gegenliebe bzw. ohne Antwort des Skippers. Er unterstrich aber seine absolute Autorität besonders in diesem Fall, in dem seine Anweisungen umgehend zu befolgen wären. Was passieren würde, sollte der Skipper über Bord gegangen oder sonst wie handlungsunfähig geworden sein, mochte ich mir gar nicht ausmalen.

Hoffentlich, sicherlich, würde dieser Fall nicht

eintreten. Ein gewisses Unbehagen bezüglich sehr oberflächlicher Seemannschaft blieb bestehen. Bald darauf bei Wachwechsel löste sich der Kreis, ich ging in die Koje und schlief wiederum fest.

01.12.2011

Wie gehabt, ein frischer, durch den Atlantik auf angenehme Temperatur gekühlter Tropenwind, leicht gereffte Segel, gemütliche Fahrt, alles bestens. Das Rudergehen fiel mir viel leichter als daneben zu sitzen und Ausschau zu halten. Immer wieder nickte ich für kurze Zeit weg. Auch Roberto wurde kurzzeitig in seiner Freiwache vom Schlaf übermannt. Das Schiff lag aber jederzeit sicher im Wasser, eine wirklich gutmütige Yacht. Der famose Sternenhimmel wurde nur von wenigen Wolken verdeckt. Gelegentlich hatte ich den Eindruck, ein Licht fern an der Kimm zu erkennen, offensichtlich aber eine Täuschung.

Schlafen, Frühstück, Gespräch mit Micha über Gott und die Welt, so verstrich der Vormittag im Salon. Wie auch an den Vortagen machte die Barfußroute auch an diesem Tag ihrem Namen alle Ehre. Trotz der 6 bis 7 Windstärken saß man an Deck tagsüber in T-Shirt und Sandalen oder eben barfuß. Gedanken an Weihnachten absolute Fehlanzeige.

Am Abend gab´s Kartoffelsalat mit Würstchen. Gemütliches Gesprächsrunde im Cockpit. Unglaublich schöner Abendhimmel, den wollten alle photographieren.

02.12.2011
Die Nachtwache wurde nun mehr und mehr zur Routine, fast angenehmer als in der Koje zu schlafen. In dieser Nacht wurde es sehr stickig unter Deck, da alle Luken geschlossen bleiben mussten und die Außentemperatur nicht wirklich abkühlte.

Sonst nicht viel Neues, mittags backte ich einen Apfelkuchen, leider war nur noch ein einziger Apfel als verwertbar übrig geblieben. Überhaupt hatten sich unsere Vorräte nun deutlich verringert, manches Regal sah schon ziemlich leer aus. An Wasser und Grundnahrung mangelte es aber nicht.

Am späten Vormittag ließ der Wind deutlich

nach, von ca. 6-7 Beaufort auf ca. 4 Beaufort. Daher wurde alles Tuch ausgerefft. Die Schwierigkeit bestand nun darin, bei dem schwachen Wind und der noch vorhandenen Dünung die Segel nicht zum Schlagen zu bringen. Wir hofften, dass der Zeitplan noch eingehalten werden könnte. Für den kommenden Tag war „Halbzeit" angesetzt, eine Flasche Sekt in das Kühlfach gelegt.
Abends: Bohnen: Chilli sin carne von Roberto gekocht, sehr lecker!

03.12.2011
Angenehme Nachtwache, warm, bewölkter Himmel. Dann am Morgen ein gewaltiger Schock: Batterieabfall. Der Skipper schien schon tagelang leicht besorgt, hatte bereits das Licht unter Deck und andere nicht unbedingt notwendigen Stromquellen abgeschaltet.
Nachmittags dann der K.O.-Schlag, Stromausfall, alle Instrumente aus, kein GPS verfügbar (ein Hand-GPS als Notgerät hätte man an Bord vergeblich gesucht!), ein Reparaturversuch scheiterte, der Motor sprang nicht an. Jetzt bloß keine Flaute!!! Da wir aber noch gut vorankamen, war alles noch im grünen Bereich. Auch ohne Positionsbestimmung würden wir – wie Columbus – irgendwann auf Land stoßen. Wir machten uns Gedanken, ob Angehörige, die unser Signal nicht mehr erkennen könnten,

ggf. in Sorge und Panik gerieten. Erstaunlich, dass die Stimmung an Bord nicht litt, obwohl vielleicht etwas verhaltener als sonst.

Da nun der Kühlschrank gar nicht mehr funktionierte (auch in den letzten Tagen war die Kühlleistung bereits deutlich reduziert, und die beiden bordeigenen Kühlboxen schienen eh nicht sehr gut isoliert zu sein), verarbeitete ich den Gruyère-Käse zu einem Kartoffelgratin. Am Abend wurde es nun unter Deck im Schein der Taschenlampen gespenstisch. Überhaupt hatte man den Eindruck, dass bereits kurz nach Sonnenuntergang tiefe Nacht herrschte. Dabei war es gerade mal früher Abend.

04.12.2011

Nachtwache war easy, ich erwischte mich beim Zählen der Tage bis wir ankommen würden. Morgens hatten wir immer noch keinen Strom. Dem Skipper war aber über Nacht eine zündende Idee gekommen. Der Generator war nicht komplett ausgefallen, er lief immerhin noch ca. 1 bis 2 Minuten bevor er wieder ins Stocken kam und ausging. In dieser Zeit produzierte er genügend Strom, um die Hauptmaschine zu starten. Kurz und gut, das klappte! Große Erleichterung und Freude! Nachmittags gab´s selbst gebackenen Mandelkuchen.

Antje, unsere Expertin fürs Brot backen, backte auch eine Pizza mit Anchovis, dazu wurde zur Halbzeit eine Flasche Schampus geköpft, wir waren wieder obenauf.

Lange haben wir noch im Cockpit gesessen, gute Stimmung, viel gelacht.

5.12.2011
Nachtwache wieder ganz easy, guter Speed, Wolken statt Himmel, starkes Rollen. Unser Leben an Bord pendelte sich nun langsam ein. Früh morgens kamen alle gemächlich in Gang, mittags bei großer Hitze wurde Sonnen gebadet, an Deck ausgeruht, nachmittags sammelte man sich im Cockpit, dann kochen, essen, ein Bierchen, ein Glas Wein, Gespräch im Cockpit bis ca. 21:00 Uhr, dann Nachtruhe. Nachmittags kam wieder ein Wal in Sicht, leider war kein Stopp möglich, da die Segel ausgebaumt waren bzw. der Bullenstander

gesetzt war. Leider hatten wir auch an diesem Tag kein Anglerglück.

6.12.2011
Lange Nachtwache, ich kämpfte mit dem Schlaf. Täglich lief nun die Hauptmaschine immer 1 –2 Stunden für die notwendigsten Instrumente. Unsere Position nahmen wir jeweils mittags, mit den Taschenlampen kamen wir bestens zurecht. Dass der Water-Maker kein Süßwasser produzierte konnte man gut kompensieren durch die Salzwasserpumpe. Dadurch war frisches, klares Atlantikwasser, natürlich salzig, in jeder Menge verfügbar. Auch zum Kochen nutzten wir es bedenkenlos. Unter Deck wurde es tagsüber sehr stickig, besonders wenn Luken wegen des Seegangs dicht sein mussten.

Zu unserer aller Überraschung war

irgendwann ganz unbemerkt der Nikolaus vorbeigekommen und hatte jeder/m eine kleine Toblerone in den Schuh gelegt! Das nahm ich zum Anlass, meine Nikolaus-Mütze hervorzukramen, die ich kurz vor Abreise für 0,59 ct bei Kick erstanden hatte. Wir hatten viel Spaß, sie reihum aufzusetzen, witzig.

Ansonsten ging nun nicht nur während der Nachtwache, sondern auch im Cockpit der Gesprächsstoff langsam aus.

7.12.2011

Kurzweiliges Steuern, keine Hemmung mehr, einzuschlafen. Kaum noch Gespräch, nur noch Hinweise.

Ich frischte mein Französisch auf durch einen Sprachkurs auf Kassette! Den 25 Jahre alten Walkman hatte ich ebenfalls dabei. Ob die I-pods auch so lange halten werden? Antje spielte auf ihrem etwas von *Mittermeier*, das Zuhören war mühselig, aber doch ziemlich witzig.

Abendessen: Bauernfrühstück von mir gebraten, wurde gelobt.

8.12.2011

Nachtwache kurzweilig, ging schnell vorbei. Der Wind drehte auf Süd, wir segelten nun mit halbem Wind. Besuch am Nachmittag von einem Reiher ca. 800 sm vor der Küste! Das Tier hatte sich wohl verflogen, es sah entkräftet aus. Nachmittags Mittermeier, die

Zweite. Im Laufe des Tages gab der Wind stark nach, ob nun die befürchtete Flaute kommen würde? Ganz wenig Wind am Abend, später dann tatsächlich Flaute, wir mussten erstmals unter Motor laufen.

Abends gute Küche: Tintenfisch in Tintensoße, mit Tomaten und Zwiebeln, bereitet von Roberto und Jürg.

Freitag, 9.12.2011
In der Nacht regnete es ziemlich stark, später sogar Gewitter. Die Böen fielen leider von vorn mit bis zu 35 kn ein. Bernd übernahm ab 3:00 Uhr meine Wache, so konnte ich frühzeitig in die Koje. Der Motor dröhnte immer noch.

Da manche unserer Vorräte langsam knapp wurden, nahmen Mirja und Roberto den Bestand auf. An Grundnahrungsmitteln hatten wir noch reichlich. Wir hofften auf Fischfang.

Skipper Bernd war weiterhin sehr zögerlich im Ausprobieren und Wechseln anderer Segelstellungen, schade, hätte uns vielleicht doch besser voran gebracht. Nachmittags war das Klo verstopft. Micha brachte das wieder in Ordnung mit Handschuhen, trotzdem eklig. Wir frotzeln darüber, keiner wollte es gewesen sein. Das Thema beschäftigte uns - mit viel Humor - noch Tage!
Obwohl das Wetter nun verrückt spielte und von einem steten Passatwind keine Rede mehr sein konnte, sondern auch Schauerböen übers Deck fegten, saßen wir in fröhlicher Runde bei Bier, Wein und Gin Tonic. Hatten wir in der ersten Woche so gut wie keinen Alkohol konsumiert, so schraubte sich der Pegel allmählich deutlich höher.

Samstag, 10.12.2011
Nachtwache mit Regen, aber warm, trotzdem Ölzeug, immer noch unter Motor.

Roberto versuchte nachts, das Kuttersegel anzuschlagen, vergebens. Wieder kam Bernd herauf, ich konnte noch einmal vorzeitig in die Koje.

Dann um ca. 7:00 Bordzeit, gleich UTC, mitten im Dunkeln, tönte das Motorsignal. Er wurde sofort ausgestellt. Segel wurden gesetzt, unser Kahn bewegte sich nicht von der Stelle, wir dümpelten mitten auf dem Atlantik! Skipper Bernd füllte Wasser in den inneren Kreislauf nach, dann lief er wieder. Nicht auszudenken, wenn der ausgefallen wäre, bei Winden unter 4 Beaufort wären wir nicht vom Fleck gekommen! Und ca. 600 sm lagen noch vor uns! Ein Frachter kreuzte mit Kurs 145 Grad, vermutlich war er nach Kapstadt unterwegs. Die Fahrt zog sich nun schleppend hin, ständiges Motorgeräusch, geschlossene Luken, stickige Luft unter Deck. Die Hygiene ließ mittlerweile zu wünschen

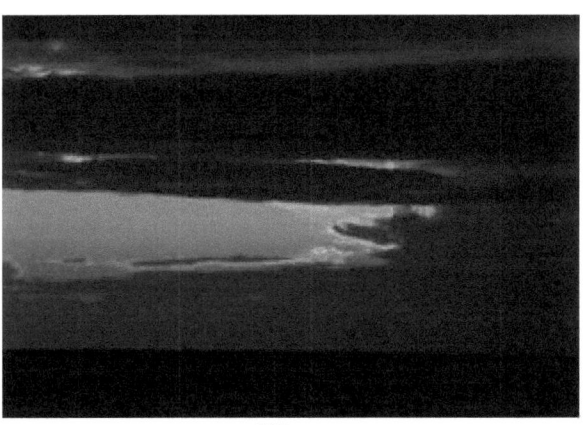

übrig, obwohl, trotz allem noch gute Backschaft gemacht wurde. Das Geschirr wurde immer sofort abgewaschen. Vermutlich wäre es fast besser gewesen, es nicht abzutrocknen, sondern einfach trocknen zu lassen.
Am Himmel mal wieder tolle Wolkenbilder! Sehr schöner Sonnenuntergang,
Mirja machte Popcorn. Leider wieder kein Fisch an der Angel.

Sonntag, 11.12. 3. Advent
Unter Motor. Nachtwache mit Regenschauern, ich zählte runter, vermutlich noch 4 - 5 Tage, hakte innerlich ab, wollte nun nur noch ankommen. Segel setzen, unter Motor laufen, Segel bergen, das Spiel setzte sich unentwegt fort. Fast in jeder Wache ging nun ein heftiger tropischer Regen runter, eigentlich ganz schön, da warm.
Nachmittags ein sehr leckerer Adventskuchen von Antje und Roberto, auf dem sie sogar mit Rosinen NONO aufgeschrieben hatten, mit Safran,

Aprikosen und Datteln.
 Auch das Brot, welches Antje gebacken hatte, gelang ihr immer besser, mit Oliven und etwas

Olivenöl. Dann, seit Langem mal wieder eine große Goldmakrele an der Angel, super! Ich bereite sie zu in Alufolie mit Knoblauch, Olio, Salz und Pfeffer, dazu gab´s Safran-Risotto von Antje und Jürg, perfekt!

Montag,, 12.12.2011
In der Nachtwache mächtige Wolkengebilde, die schnell vorbeizogen, ein Tag ohne Besonderheiten, alle warteten auf unsere Ankunft.

Dienstag, 13. Dez. 11
Nachtwache klatschnass, es regnete ununterbrochen, anfangs sehr starker Wind 7 – 8 Beaufort, dann Richtungswechsel schwach umlaufend. Mittags immer noch kein Wind, nach wie vor unter Motor.

Mirja drängte darauf zu baden, Wassertiefe über 5000 m. Sie meinte die tiefste Stelle unserer Überfahrt ausfindig gemacht zu haben.

Entspannter Nachmittag, mit schöner Musik, Pavarotti and Friends.

Abends verarbeitete ich die letzten Kartoffeln zu Gnocchi, dazu gab´s Champignons aus der Dose. Beifallstürme blieben aus, ich war aber trotzdem ganz zufrieden mit den Gnocchi.

Dann kam die Idee auf, eine Flaschenpost abzusetzen. Alle zusammen fanden wir im Cockpit sitzend einen Text, der mehrere Lachsalven auslöste, wir hatten viel Spaß, fügten noch die Email-Adressen hinzu. Roberto wickelte alles noch einmal ein mit dem Hinweis, dass das eine Flaschenpost sei (er war in allem so umsichtig und gründlich), Micha drückte den Korken richtig tief in die Flasche und Mirja versiegelte alles mit Wachs. Fertig war die Post. Das Abschicken, d.h. ins Wasser lassen, sollte anderntags mit einer kleinen Zeremonie erfolgen.

Mittwoch, 14.12.2011
Sehr entspannte Nachtwache, da vermutlich die letzte vor dem Landfall. Die Zeit verstrich wie im Flug. Ich ruhte bis spät in den Morgen. Mittlerweile hatte sich die Bordzeit nach UTC soweit von der Ortszeit entfernt, dass man sich nicht mehr richtig orientiert fühlte mit den Essenszeiten.
Ein schöner Tag mit viel Sonne und wenig Wind, also wurde wieder unter Motor gelaufen. Der fiel nach einer gewissen Zeit immer mal wieder aus. Diesmal waren wir nicht sehr beunruhigt, denn wir wussten, dass wir es bis zum 16.12. locker schaffen würden, auch wenn sich unser Schlachtschiff bei

Schwachwind kaum bewegte. Plötzlich erschien wie aus dem Nichts ein Motorboot mit ziemlicher Geschwindigkeit. Der Skipper ließ uns an Deck kommen, um uns zu zeigen. Wer konnte schon wissen, mit welcher Absicht hier Leute 50 sm vor der Küste herum kreuzten. Aber keine Panik, so schnell wie das Boot kam war es auch wieder verschwunden.

Dann am Nachmittag wurde es dem Skipper zu bunt, immer wieder Ausfall des Motors, Segel setzen, Motor starten, Segel bergen, wieder Ausfall usw. Er entschloss sich, die Dieselfilter zu wechseln, ein schweißtreibender, stinkiger Job, den er lieber bis Martinique aufgeschoben hätte. Unter Deck stand ein schwerer Dieselgeruch im Raum, wer konnte hielt sich an Deck auf. Roberto assistierte in wunderbarer Weise, und es dauerte nicht allzu lange, da schnurrte der 90 PS Diesel wieder gewohnt kraftvoll und vertrauenerweckend.

Wir näherten uns unaufhaltsam Martinique, als Micha als erster Land sichtete, den *Montagne Pelée*. Als kaum erkennbare Silhouette erschien der Berg auf der Kimm.

Landfall! Wir zückten die Photo-Apparate, hielten diesen besonderen Moment fest. Tolles Gefühl, nach 24 Tagen wieder Festland zu sehen.

Mit ca. 5 – 6 kn schipperten wir in den Abend hinein, Unter Deck gab sich Roberto mal wieder die Ehre und kochte die beliebte Bohnensoße mit süß-sauren Zwiebeln, hm. Das Bier und der Wein schmeckten an diesem Abend besonders gut.

Als wir bereits am Nachmittag die Brandung erkennen konnten, also schon weniger als drei Meilen vor der Südostküste standen, gab es eine letzte Konfusion. Der Skipper vertraute der GPS Position und wähnte uns noch ca. 26 sm von der Küste entfernt! Er segelte immer noch mit der Übersegler-Karte! Die überwiegend gebräuchlichen Imray-Karten standen nicht zur Verfügung. Mit der Detailkarte von Martinique ließ sich in unserer

Position nicht navigieren! Es dauerte eine ganze Weile, bis auch Bernd in Zweifel darüber kam, ob der Kartenplotter richtig arbeitete. Antje war es schließlich, die geistesgegenwärtig ihr I-Phone einsetzte und darüber die richtige Position ermittelte, klasse!. Ein Hand-GPS gab es ja bekanntlich nicht! Wir waren in der Bucht südlich von Le Marin angekommen.

Es war mittlerweile dunkel geworden, der Mond war noch nicht aufgegangen und das Risiko, bei Nacht in ein unbekanntes Gewässer einzulaufen, wollten wir nicht in Kauf nehmen. Die Genua wurde gerefft, der Motor ausgestellt, wir drifteten bei Windstille vor der Küste und warteten auf das Morgengrauen. Es war wieder einmal ein wunderbarer klarer Himmel, fast im Minutentakt kam eine Sternschnuppe runter, so viele Wünsche kann man gar nicht haben.

Die Ankerwache teilte sich nun stundenweise die ganze Crew, meine Stunde war gleich die erste, sodass ich schon bald schlafen gehen konnte.

Donnerstag, 15.12.2011

Schon am frühen Morgen waren alle an Deck, um endlich einzulaufen. Mit langsamer Fahrt ging es nun in die Bucht und in die Marina von Le Marin, durch ein riesiges Ankerfeld mit unzähligen Yachten rechts und links des Fahrwassers. Am Ufer Palmen bewachsene Strände mit Hotel Resorts. Dann ein Schwimmdock-Frachter mit vielen exklusiven Yachten an Bord. Später steuerten die Luxusschiffe die Tankstelle an, unglaublich große Motoryachten..
Aber manche Segelyachten standen den Motoryachten nicht nach, lagen vor Anker bzw. am Steg. Eine Swan 100 z.B. und noch

andere Zweimaster neuester Bauart. Tolle Schiffe. Die Crew an Deck erschienen winzig.

Über den Hafenmeister erhielten wir unseren Liegeplatz, .das Anlegemanöver klappte gut und wir waren fest, nach 24 Tagen auf See, bravo!
Antje und ich gingen zum Einklarieren zur Zollbehörde. Über PC füllten wir das Datenblatt aus und erhielten die Stempel in unseren Pässen. Dann nur noch der Gang zur Hafenmeisterei und wir waren angekommen.
Der Boden schwankte ganz schön unter unseren Füßen, aber wir waren glücklich,

wieder festen Boden zu spüren.
Der Nachmittag verstrich schnell, ich nutze die Möglichkeit, nach meinen Emails zu schauen und mich darum zu kümmern, dass meine Wäsche gewaschen wurde.

Ich hatte Gelegenheit, etwas von dem Ort zu sehen, eine schöne Kirche, nette Häuser mit üppiger Vorgarten-Vegetation, kleine Geschäfte, ein Markt. Während dessen wurde an Bord schon angefangen, mit Saubermachen, Aufräumen, Sachen packen.
Am Abend gingen wir gemeinsam aus. Jürg hatte sich zunächst zwar noch mit einem Landsmann verabredet, später stießen aber beide zu und es wurde ein vergnüglicher Abend, erst im Restaurant, später in einer Bar und dann noch an Bord. Die restlichen Bestände an Bier, Wein und Gin wurden in Angriff genommen bis die ersten irgendwann

in die Koje gingen und der Rest bei tropischen Temperaturen an Deck den Morgen erwartete.

Freitag, 16. Dezember 2011
Erstaunlich früh mit nur wenig mehr als drei Stunden Schlaf war die ganze Crew auf den Beinen, um zu packen und klar Schiff zu machen.

Ich ging derweil zu meinem neuen Zuhause auf die Skiathos. Dort traf ich den Skipper und Herrn Schoenicke an, den Eigentümer der Hamburger Charter-Agentur. Beide waren aber sehr im Stress, einiges musste nach der Atlantikfahrt dringend repariert werden. Kurzer Austausch an Informationen und die Verabredung, dass ich anderntags abends an Bord kommen könne.
Und dann war es soweit, dass wir uns verabschiedeten. Micha hatte ein Auto gemietet, er wollte noch 14 Tage auf der Insel

verbringen. Auf dem Weg nach Norden nahm er Mirja, Jürg und Roberto mit in Richtung Flughafen. Ihre Maschinen sollten spät am Abend abfliegen. Eine letztes Händeschütteln, eine letzte Umarmung, winkende Hände, und fort waren sie.

Skipper Bernd, Antje und ich verblieben nun noch an Bord, die Flüge der beiden gingen am Folgetag. Inzwischen waren auch schon zwei neue Mitglieder der neuen Mannschaft eingetroffen.

Ich überarbeitete lange das Tagebuch in einem Café, ging zur Pizza Station und traf einen österreichischen Skipper, der zeitgleich mit Antje und mir beim Einklarieren war. Wir tauschten uns über die Überfahrt aus, auch auf seinem Schiff ging einiges kaputt.

Schlussbemerkung:
Wenn eine Unternehmung wie diese glimpflich über die Bühne gegangen ist und Schiff und Mannschaft heil und unversehrt angekommen sind, dann neigt man dazu, wohlwollend auf manches zu schauen, was einem sonst die Haare zu Berge stehen lassen würde. Eigentlich gehöre ich nicht zu denen, die allzu kritisch nach Mängeln suchen und unbedingt ein Haar in der Suppe finden müssen. Allerdings lasse ich mir auch kein X für ein U vormachen. Es ist die Liebe zur See, die das Recht gibt, Kritik zu üben. Mir liegt am Herzen, dass die See aufgrund unzureichender Seemannschaft nicht ein Ort des Grauens wird, sondern dass den Seefahrenden die Schönheit und Unfassbarkeit des Ozeans in Erinnerung bleibt. Daher noch diese Anmerkungen:
Was wäre gewesen, wenn sich der Motor nicht mehr hätte starten lassen? Sicherlich wären wir irgendwann in der Karibik angekommen. Die vorherrschenden Winde hätten uns dorthin getrieben. Aber hätten unsere Vorräte wirklich gereicht? Oder, wie hätten wir bei dauerhaftem Stromausfall oder bei Ausfall des Instruments unsere Position bestimmen können? Ein Zweitgerät war nicht an Bord. Wer sich mit Unpässlichkeiten wie einem undichten Luk nicht arrangieren kann, hat auf See nichts zu suchen. Wer aber sich die Kenntnis des komplizierten

Zusammenspiels von Stromerzeugern (Windgenerator, Dieselgenerator, Lichtmaschine, Inverter), Stromverbrauchern (Instrumente, Kühlboxen, Pumpen, Licht), Spannungsreglern, Schaltkreisen und Batterien erst nach und nach durch Versuch und Irrtum aneignet, der beschwört unnötig Ungemach herauf. Zweifellos hatte es der liebe Gott noch einmal gut mit uns gemeint, es hätte auch ganz anders ausgehen können.

Natürlich hätte ich auch gerne einiges kennengelernt, was für das Küstensegeln nicht notwendig, was aber speziell für die Langfahrt typisch ist. Dazu gehörte die Astro-Navigation, also die Möglichkeit der Ortsbestimmung ganz ohne Elektrik und Elektronik. Den Zahn bekam ich gleich bei Reisebeginn gezogen, der Eigner hatte den Sextanten einfach mit nach Hause genommen. Wetter an Bord hätte mich genauso interessiert. Über das Satelliten-Telefon hätte man es empfangen können, das wusste ich von den Vereinskameraden. Bei den *Roevers*, bei *Hirche/Kinsberger* und bei *Röttgering* war zu lesen, dass eine Amateurfunkanlage, in der Luxusversion mit einem Paktor-Modem, oder als Minimallösung ein Kurzwellenempfänger ganz kostenfrei Wetterinformationen liefern kann, an jeder Stelle auf einem Ozean. Darüber kann ich weiterhin nur phantasieren, denn an Bord war noch nicht einmal ein ganz normaler

Weltempfänger, mit dem man immerhin noch bzw. schon weit vor der Küste hätte Rundfunk, sprich Wetter, empfangen können, kaum nachvollziehbar. So segelten wir sprichwörtlich ins Blaue. Immerhin ein Ausrüstungsgegenstand hatte mich begeistert: die mechanische Seewasserpumpe. Sie arbeitete ohne Probleme und schöpfte zu jeder Zeit jede gewünschte Menge frisches, sauberes Atlantikwasser, einfach super!

Inselhüpfen in der Karibik

Samstag, 17.12.2011
Es wurde Zeit, die Sachen zu packen. Mit Gepäck ging ich zum neuen Boot, um vor zu fühlen, ob ich den Rest nachholen könnte. Das war aber immer noch nicht möglich, denn die Putzfrau war noch nicht fertig mit der Arbeit. Wir verabredeten uns für den Abend.

So konnte ich meinen Ausflug nach *Fort de France* machen. Ich verabschiedete mich von Bernd und Antje, die noch am letzten Tag feststellen musste, dass ihr Augenlicht nicht mehr 100%ig in Ordnung war. Sie würde sich vermutlich in der Schweiz einer Operation unterziehen müssen, Netzhautablösung. Auf jeden Fall war sie froh, dass sich das erst am Schluss der Reise bemerkbar gemacht hatte.
Das Sammeltaxi stand schon bereit, und bald darauf fuhr es los. Unterwegs stiegen noch Leute dazu, andere stiegen aus, einen regulären Busverkehr gab es nicht. Für die

Abfahrtzeiten des *Taxi collective* gab es keinen Fahrplan, sie waren nicht festgelegt. Aufpassen müsse ich, so der Fahrer, dass ich von *Fort de France* wieder zurückkommen könne, denn am Samstag stellten die Sammeltaxis nachmittags ihre Dienste ein, und ein reguläres Taxi verlangte für die 35 km 80 €.

In *Fort de France* ließ ich mich mal wieder durch die Straßen treiben, ein Ort mit ca. 100.000 Einwohnern. Die Innenstadt war sehr belebt, Leute machten Einkäufe, bummelten, hielten ein Schwätzchen, eigentlich genau wie bei uns. Internet gab es bei McDonalds, und da ich schon im Restaurant war, musste es mal wieder Big Mac sein.

Schließlich kam ich auf den letzten Drücker vor Schalterschluss bei der Fähre an, die Martinique mit Guadeloupe, Dominica und anderen Inseln verbindet. Ich kaufte das

Retour-Ticket für den 02. und 06.01.2012, somit schienen meine Reisepläne aufzugehen. Ein Hotel machte ich ebenfalls aus für den 1.1.2012. Am 6.1. würde ich dann am späten Abend das Flugzeug nach Paris nehmen können.

Dann bummelte ich noch zum Fort, deren Mauern allerdings nicht zu besteigen waren, es gehörte zu einem angrenzenden Militärkomplex. Es gab einige sehr gut erhaltene bzw. renovierten historische Gebäude wie die *Bibliothek Schoelcher*, die *Kathedrale Saint Louis*, das *Kulturzentrum Camille Darsiéres*, das vorgeschichtliche und das ethnographische Museum, ein Herrenhaus und ein Theater.

Die Stimmung war karibisch gelassen. Auf der Post benötigte ich zwei Briefmarken, ich stand als ca. zehnter in der Schlange und rechnete schon die Wartezeit von ca. drei Stunden hoch. Kurz entschlossen sprach ich alle Wartenden an, ob ich nur diesen einfachen Kauf tätigen könnte. Meine paar Brocken Französisch wurden tatsächlich verstanden und akzeptiert!

Auf dem Rückweg mit dem Sammeltaxi traf ich wieder auf den selben Fahrer. Bis auf eine kleine Gruppe von Kreuzfahrtpassagieren (darunter eine Dame fortgeschrittenen Alters mit einer imposanten Gucci-Brille, die mindestens 1/3 ihres Gesichts bedeckte), die nach ca. 1 km schon wieder ausstiegen, war ich auf der Rücktour der einzige Fahrgast. Das tat mir irgendwie leid für den Fahrer, hätte ihm ein besseres Geschäft gewünscht.

In *Le Marin* stieg ich bereits am Ortseingang aus und ließ mich von dieser Richtung durch den Ort treiben, mit meiner Kamera auf stand-by. Einige hoffentlich schöne Bilder gelangen am Strand, und an der Kirche, denn es war gerade eine Trauung in Gang. Die Kirche hatte ich schon zuvor besucht, ein Bau aus dem 19. Jahrhundert mit einer schönen Deckenkonstruktion und herrlichen Ausblicken aus den schlanken Fenstern. Palmen, Strand, Sonne und Meer, das könnte bei uns vielleicht noch den ein oder anderen doch wieder in die Kirche locken. Die Kirchentür stand also sperrangelweit offen, Liturgie, Gesang und Musik klang heraus an die Ohren der geduldig Wartenden.

Und dann war es soweit, die Brautleute standen im Portal. Es dauerte noch eine ganze Weile, bis sie im dekorierten, großen BMW neuester Bauart Platz nahmen und fort chauffiert wurden. Die Gemeinde zog hinterher, Küsschen hier, Küsschen da, Posieren vor der Kamera, herausgeputzte Frauen, Mädchen und Jungen, dezent gekleidete Herren, eine würdige, betuchte Gesellschaft.

An Bord der *Nono* war niemand als ich ankam. Ich griff meine Tasche und die übrigen Sachen und wechselte auf das neue Boot. Dort traf ich den Skipper, Anke und Thomas an. Wir saßen noch eine ganze Weile beim Bier zusammen. Ich hatte mir zum Abendbrot eine Schachtel frisch bereiteter, kleiner Teigtaschen (paté) mitgebracht, die aber zu trocken waren, um sie wirklich zu genießen. Umso besser schmeckte das Bier. Bald darauf fiel ich in die Koje, erschöpft von einem randvollen Tag.

Sonntag, 18. Dezember 2011
An diesem Tag trudelte auch der Rest der Mannschaft ein. Anke war bereits an Bord, Hamburgerin aus Eppendorf, Projektleiterin im Marketing. Es kam noch Uwe, ein Mann aus

Dresden, Maschinenbauingenieur, Thomas, ein Hüne aus Berlin mit einer riesigen Wampe, Bernd und Rolf, allesamt Ingenieure aus der Gegend von Frankfurt, und ganz spät abends auch noch Marion, Pharmareferentin aus Berlin. Das Boot war also voll belegt, keine schöne Vorstellung für die kommenden 14 Tage. Aber was macht man nicht alles, um an „die" Treffpunkte der Segler-Szene zu kommen, bzw. diese mal zu sehen.

Der Tag verstrich rasch, wir erledigten noch das ein oder andere, fuhren nachmittags an einen sehr schönen Strand, und abends gingen wir zum ersten Mal gemeinsam essen.

Montag, 19.12.2011
Skipper Olaf hatte schon am Vortag darauf hingewiesen, dass wir uns etwas zu beeilen hätten, da wir noch bei Hellem in der Marigot Bay auf St. Lucia ankommen wollten. Da Rolf

und Bernd ihr Mietauto noch bis mittags behalten konnten, stand es am Morgen noch für die Einkäufe zur Verfügung. Eigentlich war die Einkaufsliste überschaubar, denn es waren noch sehr viele Lebensmittel an Bord, aber dann kam doch wieder ein Einkauf für fast 500,- € dabei heraus. Das Einpacken und Einräumen klappte gut, Olaf konnte schnell ausklarieren, und dann waren wir wieder auf See. St. Lucia war bereits am Horizont zu sehen.

Der kurze Schlag von ca. 35 sm ging schnell, das Boot segelte um einiges besser als die alte Yacht. Um ca. 17:00 Uhr machten wir in der Marigot Bay fest, einem der berühmtesten Anker-Buchten der Karibik. Wir fanden keinen Platz mehr in der inneren Bucht, mussten draußen an einer Mooring festmachen. Schon beim Einlaufen kamen mehrere kleine Boote mit Außenborder entgegen, Männer, die Hilfe anboten. Von einem kauften wir Tomaten, ein anderer führte uns zu einer freien Mooring.

Die Bucht war malerisch eingebettet in eine steil aufragende, üppig bewachsene Felslandschaft.

Am oberen Rand waren einige stattliche Villen

mit ihren Balkonen und Terrassen zu sehen, schönes Bild.
Abendessen an Bord, Spaghetti Carbonara.
Das Boot war mit 8 Leuten voll belegt, ich hatte mir die obere Koje in 2er Kabine an Steuerbord gesichert. Unter mir schlief Thomas, ein ziemlich großer Mann aus Berlin mit einem unglaublichen Schmierbauch, kein schöner Anblick. Die anderen waren aber recht nett und gesellig, würde sich schon einpendeln.

Dienstag, 20. Dezember 2011
Gleich am Morgen musste der Skipper einklarieren. Da ich die Bordkasse verwaltete, stiegen wir beide in das wackelige Schlauchboot und steuerten damit zum Anleger.

Ich hatte den Eindruck, in der „Truman Show"

angekommen zu sein. Eine kleine Anlage mit Restaurants, Hotel, Bank, Supermarkt usw. Ich tauschte Geld, kaufte Brot und steuerte nun allein mit dem Schlauchboot zurück, ging gut. Ich frühstückte etwas mit den anderen und machte mich wieder auf den Weg, den Skipper abzuholen, der mittlerweile mit dem Behördengang fertig war. Dann schlug ich ihm vor, dass ich an diesem Tag mit dem Bus zu unserem neuen Ankerplatz ca. 15 sm weiter südlich fahren würde. Er war damit einverstanden, und ich fühlte mal wieder diese Freiheit und das Risiko, mich ganz allein gestellt in einem fremden Land zurechtzufinden.

Das Problem bestand darin, dass der Taxifahrer für diese kurze Strecke 160 USD haben wollte, ein Preis weit jenseits der Schamgrenze. Die öffentlichen Verkehrsmittel verkehrten aber vollkommen unregelmäßig, darauf war kein Verlass. Kurz und gut: Jemand hielt für mich ein Sammeltaxi an, mit dem ich nach Castries, der Hauptstadt von St. Lucia kam. Und, noch einmal Glück, der Kleinbus fuhr auch umgehend wieder zurück nach Soufriére, dahin wo die berühmten Pitons waren, Wahrzeichen von St. Lucia.

Das war mir recht, so kostete mich die Fahrt gerade mal 13,- EC, East Caribean Dollar, umgerechnet 5,- €. Auf dem Weg kamen wir durch kleine Dörfer, überquerten Flüsse, schnauften uns steile Straßen hinauf, und beim Abwärtsfahren dachte ich instinktiv daran, was wohl passieren würde, wenn die Bremsen nicht halten würden. An den schönen Viewpoints hielt der gute Mann leider nicht an, dafür aber an einer Stelle, an der ein

Hurricane vor Jahren einen ganzen Bergabhang abrutschen und hinunter gerissen hatte, nur ein Haus wurde dabei nicht mit in die Tiefe gerissen. Sechs Menschen kamen damals ums Leben.

In Soufriére angekommen hatte ich den ganzen Tag Zeit, diese kleine, liebenswürdige Stadt kennenzulernen. Es gab einen schönen Strand, das Hafenmeisterbüro direkt nebenan, einen Supermarkt, verschiedene Restaurants, eine Bank, die Kirche und nett anzusehende kleine Häuser, die den französischen Einfluss deutlich machten: zweigeschossige Gebäude mit umlaufenden Balkonen, die man auch in New Orleans finden könnte. Ich besorgte mir Geld, aß aus purer Neugierde in einem Local Restaurant für ca. 4,- € das, wofür die Einheimischen Schlange standen, holte mir in der Bäckerei Kuchen, ging damit in das Café auf einen Nesquik Kaffee und bummelte zum Strand, wo mittlerweile unser Schiff angekommen war.

An Bord kam ich nur mit einem Wassertaxi, denn unser Schlauchboot wäre mit der Brandung nicht fertig geworden. Die anderen machten sich gerade bereit zum Abendessen, auch dieser Tag war mehr als rund.

Mittwoch, 21.12.2011
Schon früh waren alle wach, es sollte recht bald abgelegt werden für den langen Schlag nach Bequia. Ich blieb fast die ganze Zeit unter Deck, photographierte alle paar Stunden, nette Aufnahmen von der Westküste von St. Vincent.

Vor Bequia frischte der Wind erheblich auf. Erst wurde das Groß weggenommen, und dann war noch die Genua zu viel. Beim Reffen wickelte sie sich um das Vorstag und bildete eine sog. Eieruhr. Dabei riss sie ein. Unter Motor liefen wir die restlichen Meilen in Port Elizabeth ein.

Der Wind blies immer noch recht stark, wir

fanden aber noch gerade vor Sonnenuntergang eine Mooringboje und lagen dann sicher in der Admirality Bay von Port Elizabeth. Ich kochte ein Reisgericht mit den Vorräten, die wir noch an Bord vorgefunden hatten, ganz lecker.

Donnerstag, 22.12.2011
Einklarieren am Morgen. Ein Tag in Bequia. Auf dieser Insel verbringen die kanadischen Freunde meiner Schwester einen Teil ihres Winters, daher war ich recht gespannt, welchen Eindruck die Insel auf mich machen würde. Ich ging einmal durch den kleinen Ort und fühlte mich wohl. Bei der Touristeninformation erkundigte ich mich nach Möglichkeiten, hier eine Weile zu bleiben, denn an Bord war es mir zu eng geworden.

Und, es sah gut aus. Eine akzeptable Unterkunft, Fähren, Flüge, alles schien perfekt. Ich ließ mich wieder an Bord bringen und sprach mit dem Skipper. Dabei bot ich ihm zwei Alternativen an: entweder gleich hier zu bleiben oder noch mit zu segeln bis Union Island und dort auszusteigen. Die 2.Variante schien uns beiden die bessere, wir hätten noch zwei Tage zusammen und ich würde noch Mayreau und Union Island kennenlernen. Das wäre dann der südlichste Punkt der Reise, die unbequeme Rückreise gegen den Wind würde mir dann erspart bleiben, dann wäre ich bereits 34 Tage auf See. Die anderen Mitsegler hatten volles Verständnis, das freute mich, denn selbst dem schweren Schwergewicht wollte ich nicht zu nahe treten. Eigentlich war er ja kein schlechter Kerl, immer hilfsbereit, immer zur Stelle, wenn jemand mit viel Kraft gebraucht wurde, und es ist ja keinesfalls ungewöhnlich, dass jemand starkes Übergewicht hat.

Kurz und gut, ich ließ mich wieder an Land bringen und buchte all die vorgemerkten Fähren, Flüge, Hotels.

Abends folgten wir dem Vorschlag des Skippers und besuchten ein Restaurant, in dem eine Steelband spielte. Dazu gab es ein Buffet, das den Vergleich mit einem guten Italiener durchaus hätte standhalten können, etwas Gegrilltes (Fisch oder Rind) und eine üppige Auswahl an Dessert und Kuchen. Es wurde viel gegessen und getrunken, vor allem die leckeren Rum-Punches. Beschwingt fanden wir den Weg zu unserem Wasser-Taxi, fielen nicht ins Wasser, als wir dort ein- und später ausstiegen, eine ganz wackelige Angelegenheit.

Freitag, 23.12.2011
Schon früh bewegte sich etwas an Bord, diesmal war ich nicht der erste. Schon bald nach dem Frühstück legten wir ab, der Wind stimmte und wir machten bald nachdem wir die Hook im Westen von Bequia passiert hatten gute Fahrt Richtung Süd.

Mit klein gereffter Genua und dem 2. Reff im Groß ging es gut voran, und schon bald liefen wir in die Salt Whistle Bay auf Mayreau ein, einer Traumbucht. Palmen am Strand, nur eine dünne Landzunge trennte unseren Liegeplatz vom Atlantik, Postkartenidylle. Ich schwamm zum Ufer, ging an die Atlantikseite. Dort zog ein Kite-Surfer mit unglaublicher

Geschwindigkeit seine Bahnen durch das türkisfarbene Wasser mit atemberaubenden Sprüngen zwischendrin, sah toll aus.

Wieder an Bord vertrödelten wir den Nachmittag in der Sonne, Urlaubsfeeling in einer außergewöhnlich schönen Umgebung. Bis plötzlich Hektik aufkam: Der Wind hatte im Verlauf des Nachmittags leicht gedreht, die Brandung geringfügig zugenommen, da hatte das Ruderblatt plötzlich leichte Grundberührung, höchste Zeit, den Liegeplatz zu wechseln. Zwei Versuche zu ankern schlugen fehl, da entschloss sich der Skipper, die Bucht zu verlassen und weiter südlich sein Glück zu versuchen. Uwe, ein Mitsegler aus Dresden, war noch nicht an Bord, aber ein Boatboy wurde verpflichtet, ihn zu bringen. Und das klappte. Wir lagen kaum vor Anker, und schon kam das Wassertaxi mit Uwe.

Auch unser Lobster-Barbecue, welches wir

mit Joseph, einem anderen Boatboy, verabredet hatten, musste verlegt werden an den neuen Strand, warum denn nicht?!

Um 19:00 Uhr versuchten wir dann, mit dem Dingi an Land zu kommen. Um diese Zeit war es bereits stockdunkel, man hatte das Gefühl von tiefer Nacht, dabei war es noch früh am Abend. Da der Skipper es scheute, durch die Brandung anzulanden, versuchten wir unser Glück an dem Fähranleger. Dieser stellte sich aber als viel zu hoch heraus, als dass wir dort hätten hinaufklettern können. Also zurück an Bord. Wir hofften, dass unser Gastwirt irgendwann bemerken würde, dass wir nicht kamen. Das dauerte gut eine Stunde, dann rauschte ein Boot heran, ganz aufgebracht und verärgert lieferte er seine Ware ab und erhielt natürlich den vereinbarten Betrag. Grußlos verschwand er wieder in der Dunkelheit. Die riesigen Lobster waren fast

kalt, der Reis und der Kartoffelsalat aber noch schön warm. Das Letztere schmecke sehr gut, von den Lobster waren wir nur mäßig begeistert. Es wurde wieder viel getrunken und ich fühlte mich in meiner Entscheidung bestätigt, von Bord zu gehen.

Samstag, 24.12.2011
Schon früh ging es Anker auf, die läppischen 4 sm bis Union Island liefen wir unter Motor, das Dingi hinterher schleppend.

Vor Ort konnten wir nach Langem mal wieder an einem Steg anlegen, das Manöver klappte vorbildlich. Ich war am Ende meiner Segelreise angelangt. Nach 34 Tagen auf See hatte ich genug gesehen und erlebt, mit dieser neuen Crew war ich nicht recht warm geworden. Im Wesentlichen lag es an der Riesenwampe und dem Hängebauch, dessen Lappen bis weit südlich reichte. Er selbst gab auf die Frage nach seinem Gewicht an, 100 kg schwer zu sein. Das war wohl eine wohlwollend grobe Annäherung.

Wie auch immer, es viel mir schwer, in dessen Nähe zu sein, dabei schliefen wir in einer Kammer, Gott sei Dank nicht neben-, sondern über-/untereinander. Hätte ich irgendein Bemühen gesehen, diesem Missgeschick entgegenzuwirken, wäre es mir sicherlich schwerer gefallen, die Gruppe zu verlassen. Er suchte fortwährend nach Essbarem, stopfte wahllos in sich hinein, was er in den Backskisten und im Kühlschrank aufstöberte.

Time to say goodbye.

Meine Fähre ging um 15 Uhr, genügend Zeit zu packen, mich beim Zoll von der Crewliste streichen zu lassen, von dem Formular eine Kopie zu fertigen, einmal durch das Dorf zu schlendern und noch eine leckere Cumberland-Soße zu kochen. Da Anke tags zuvor der Anblick des gegrillten Lobsters schauderte und sie auf ihren Teil des Mahls freiwillig verzichtete, war dieser noch übrig geblieben und musste noch gegessen werden. Diese Delikatesse in die See zu entsorgen kam für mich nicht in Frage. Ich gab mir alle Mühe, eine wunderbar passende Cocktail-Soße zu bereiten, und um 14:00 Uhr, kurz vor meiner Abreise, genossen wir die kalten Hummer-Stücke mit der köstlichen Soße, mein Weihnachtsgeschenk quasi. Zwei gute Flaschen Rotwein von der ersten Reise stellte ich dazu auf den Gabentisch. Kam sehr gut an.

Der Skipper begleitete mich noch zur Fähre und mal wieder war ich „on my own again", ein beglückendes Gefühl. Nicht genau zu wissen, was auf einen zukommt, zu vertrauen, dass alles gut geht, sich einzulassen auf die unbekannte Umgebung, das ist pure Lebensfreude.

Die Fähre benötigte nicht sehr lange, da waren wir bereits über Mayreau und Canouan in Bequia angekommen.

Mein Guesthouse lag genau gegenüber vom Hafen, ich bezog mein Zimmer und freute mich bereits auf die erste Nacht mal wieder in einem festen Bett.

Die Suche nach einem Restaurant gestaltete sich als nicht ganz einfach, viele Geschäfte hatten bereits geschlossen. Aber schließlich wurde ich fündig. Aus den Lautsprechern auf der gegenüberliegenden Straßenseite dröhnte Weihnachtsmusik vom Typ „beschwingt" in voller Lautstärke.

Nach dem Essen schlenderte ich noch durch die Hauptstraße. Das Zentrum dieser gemütlichen kleinen Stadt, ein kleiner Park, war geschmückt mit Lichterketten, eine Bühne war aufgebaut für die live music. Die Menschen flanierten, hielten einen kleinen Plausch, wünschten sich Merry Christmas, prosteten sich mit ihrer Bierflasche zu oder standen und saßen einfach nur herum. Ein sehr entspannter Heiligabend, bei uns ja weihnachtlicher Höhepunkt, hier ein Abend der Vorbereitung auf die beiden kommenden Festtage. Bald darauf fiel ich todmüde ins Bett. Kurz vor Mitternacht wurde ich sehr durstig, Mineralwasser hatte ich keins mehr. Es half nichts, ich musste noch einmal raus. Die Menschen liefen immer noch in Massen durch die Straßen, im Park spielte eine Band Country Music, der Alkoholpegel hatte schon beachtliche Höhe, trotzdem alles weiterhin sehr entspannt und friedlich.

Sonntag, 25. Dezember 2011
Ich schlief ungewöhnlich lange. Um 9:00 Uhr, so wurde Tags zuvor gesagt, würde ein Gottesdienst sein in der anglikanischen Kirche.

So glaubte ich mich bereits verspätet, als ich um ca. 9:30 Uhr in der Kirche ankam. Sie war gut gefüllt mit fast mehr Menschen mit weißer als schwarzer Hautfarbe, vermutlich überwiegend Urlaubsgäste und wenige Einheimische. Verwunderlich wäre das nicht, denn die meisten Inselbewohner würden wohl noch tief schlafen. Dann war der betagte Pfarrer bereit zu beginnen, seine Administrantin begrüßte die Gemeinde ganz zwanglos mit „Good Morning, hope you are all well..." und es begann der entspannteste Gottesdienst, an dem ich je teilgenommen hatte. Inniger Gesang von bekannten Weihnachtsliedern (wobei es schwerfiel, bei allerbestem Sommerwetter ´Silent night´ zu singen), Lesung von Psalmen im Wechsel mit der Gemeinde, eine angenehm kurze Predigt, in der auch Her Majesty Queen Elizabeth bedacht wurde, Abendmahl, ein herzliches „Friedenwünschen", (fast alle grüßten per Handschlag fast alle anderen), eine Choreographie von drei Mädchen und einem Jugendlichen zu Musik, die über I-Pod, Mikrophon und Lautsprecher an unsere Ohren drang, lang anhaltender Beifall), die vorgelesener Botschaft des Bishop of SVG, ein wunderbar anderer Gottesdienst, den ich sehr genossen habe.

Den Tag vertrödelte ich, der Ort war bis zum Abend wie ausgestorben, die Geschäfte geschlossen, die Bürgersteige hoch geklappt. Erst am Abend kam wieder Schwung in den Laden. Ich hatte einen Tisch gebucht in Marcie´s Terrace Restaurant. Turkey Dinner with live Music. Das Dinner enttäuschte, der Truthahn wurde der großen Gruppe am Nachbartisch serviert, der ´Fish of the Day´ schmeckte fade, und die Pommes waren auch

nicht viel besser, schade. Im nahegelegenen Park spielte wieder eine Band. Ich setzte mich auf eine Bank, kam mit einer weißen Einheimischen ins Gespräch, Anhängerin der Siebenten-Tags-Adventisten. Leider war ihr Englisch kaum zu verstehen, das ging mir mit anderen Inselbewohnern ähnlich. Offensichtlich hat sich etwas Creolisches darunter gemischt, oder die Leute nuschelten leicht, wer weiß das schon?! Der kleine Park war an diesem Abend gefüllt mit Familien, die ihr Auto möglichst dicht an der Bühne parkten. Alle waren festlich gekleidet, die Kinder tanzten ausgelassen zur Musik, es herrschte eine festlichere Stimmung als tags zuvor. Später wurde auch die Straßendisco angeworfen, Jugendliche standen um die gigantische Lautsprecheranlage und ließen sich berieseln, von der Musik, von Alkohol und Marihuana. Als besonders freudvoll konnte ich die Stimmung nicht ausmachen, eher als benebelt und irgendwie neben der Spur.

Montag, 26.12.2011
An diesem Tag ließ ich es wieder gemächlich angehen.

Ich unternahm einen schönen Spaziergang auf die südöstliche Inselseite, ließ mir viel Zeit zu photographieren, erreichte ganz am Ende die Zuchtstation für vom Aussterben bedrohte

Schildkröten, badete auf dem Rückweg an einem sehr schönen Strand, besuchte eine Boutique, plauschte mit der Besitzerin (ihre Tochter war zwei Jahre zur Ausbildung als Hotelfachfrau in Salzburg), bestaunte die

richtig teuren Villen an den Berghängen, und ließ mich zum Schluss von einem kanadischen Ehepaar mitnehmen, nachdem ich den Verkehr mehrerer Fahrzeuge in einer engen Kurve geregelt hatte :) und anschließend zu dieser Fahrt eingeladen wurde. Sie kamen beide ursprünglich aus Bequia, waren nach Canada ausgewandert.

Abends landete ich in einem Restaurant etwas oberhalb von Port Elizabeth. Die Sonne tauchte die Bucht in ein mildes Licht, der Rumpunch schmeckte zur Happy Hour sehr gut, und das mexikanische Tortilla-Essen ebenfalls. Auf der Straße war nachts nicht mehr viel los, trotzdem ein schöner Tag.

Dienstag, 27.12.2011
Wie auch in den vergangen Tagen frühstückte ich im selben Lokal. Das mag ich sehr gerne, auf diese Weise ganz kleine Freundschaften zu schließen. Auch diesen Morgen empfing mich die Bedienung sehr freundlich. So richtig viel brachte ich an diesem Tag nicht zustande. Einige Läden hatten trotz des 3. Feiertags geöffnet. Weihnachten hat hier immer dann drei Feiertage, wenn Heiligabend auf einen Sonntag fällt, wie in diesem Jahr. Im Gingerbread Hotel aß ich ein Stückchen Kuchen gleichen Namens und trank Kaffee,

abends hatte ich kaum Hunger und legte einen Obsttag ein: Avocado, Grapefruit, Mango und Passionsfrucht. Die letztere schmeckte mit Abstand am besten.

Mittwoch, 28. Dezember 2011
Im Touristenbüro erhielt ich mehrere Adressen in St.Vincent, daher traute ich mich, meine Unterkunft in Bequia für den 29. aufzugeben. St.Vincent hat einen ganz schlechten Ruf. Immer wieder fragte ich Leute, wie gefährlich es für Ausländer dort wirklich sei. Die Antworten variierten von ´harmlos´ bis ´äußerste Vorsicht geboten´.

Später machte ich eine Wanderung in südwestliche Richtung. Die Insel ist dort stärker von Einheimischen bewohnt, daher fuhren dort auch Minibusse. Auf dem Scheitelpunkt des Berges nahm ich ein solches und fuhr bis zur Endstation, ging von dort wieder zurück. Als ich ein Grundstück passierte, sprach mich ein älterer Herr an, woher ich käme. Er stellte sich vor und bot mir an, den hinter einem Holzzaun leicht versteckten Garten anzuschauen. Das

Anwesen gehöre einem Amerikaner, für den er den Garten in den letzten 30 Jahren angelegt und gepflegt habe. Früher habe nur ein einziger Baum dort gestanden. Nun wuchsen dort üppig Bambus, Palmen, Sträucher, Blumen und inmitten dieser prachtvollen Vegetation versteckte sich das Haupthaus, einige Nebengebäude sowie eine steile Treppe als Zugang zum Strand. Das alles habe er zum großen Teil errichtet. Voller Stolz präsentierte er sein Werk und erwähnte fast nebenbei, dass er neun Kinder gezeugt habe. Sein Enkelkind, ein junger Mann, begleitete unseren Rundgang. Ich freute mich bereits auf die schönen Photos, die ich im Garten und von den Terrassen aus schießen durfte.

Auf dem Weg zurück nahm ich wieder einen Minibus. Abends lief ich an einem Imbiss vorbei, es wurden ausschließlich Hähnchen zubereitet, auch das ein Stand, an dem die Einheimischen Schlange standen. Ich holte mir noch einmal Obst, diesmal gleich zwei Passionsfrüchte und eine Ananas, deckte mich mit Hähnchenkeulen ein, öffnete die eine Flasche Wein, die ich noch von Bord der Nono mitgenommen hatte, und ließ es mir gut gehen. Den Rest der Flasche bot ich der netten Gastgeberin an, die bereits ein großes Stück vom Niederegger Stollen, einem Geburtstagsgeschenk meiner lieben Nachbarin in Hamburg, erfreut angenommen hatte. Salute! Beim Abendessen auf dem Balkon erschien der Nachbar vor der Tür, ein Mann aus England, ebenfalls Rentner, der auf Bequia einen ganzen Monat verbringt. Ich lud ihn ein auf ein Gläschen, er lehnte ab, toll. Das erinnerte mich daran, dass auch ich im letzten Jahr bis vor der Reise wegen meiner Erkrankung keinen Tropfen mehr getrunken hatte. Hoffentlich war es kein Fehler, damit wieder zu beginnen. Wir kamen ins Gespräch und ich äußerte meine Verwunderung, dass ich hier noch niemanden habe Fernsehen schauen sehen. Er klärte mich auf, dass es faktisch keine Möglichkeit gäbe. Soll man die Menschen nun bedauern oder beglückwünschen? Auf jeden Fall wäre das ein interessantes Feld für Ethnologen: Menschen fast ohne Einfluss von Massenmedien

Donnerstag, 29.12.2011
Die Fähre ging sehr früh, um 6:30 Uhr. Ich wollte sicher gehen, dass ich eine akzeptable Unterkunft finden würde und nahm daher gleich die erste. Ich konnte auch schon mal probieren, alle meine Sachen wieder in die Reisetasche zu bekommen, das gelang leider nicht. In der Touristeninformation hatte ich aber Einkaufstaschen entdeckt mit einem schicken Aufkleber: *St.Vincent and the Grenadines, Protect the Enviroment today*, nichts finde ich sinnvolle, umgerechnet für 3,- €. Da hinein passte der Rest mühelos, für den Rückflug muss ich mich wohl noch von manchen Sachen trennen.

Die Überfahrt dauerte eine Stunde, zum Teil schaukelte es heftig. Über die Taxifahrer gab es wilde Gerüchte, man müsse große Vorsicht walten lassen, um nicht gehörig übers Ohr gehauen zu werden. Ob ich ein Taxi brauchte, war die Frage eines Taximan, der mit laufendem Motor schon irgendwie auf mich zu warten schien. Nein sagen ging nun wirklich nicht, und so ließ mich ich bald darauf zur ersten Unterkunft chauffieren. Den Fahrer hatte ich umgehend über meine Rente aufgeklärt und ihm meinen Wunsch mitgeteilt, eine einfache, aber saubere Unterkunft zu finden. Prompt steuerte er als erstes eine Nobelherberge an!!! Danach chauffierte er mich zu einem anderen Hotel, das ich mir aus einem Heft der Touristeninformation herausgesucht hatte. Dort meldete sich trotz langen Hupens niemand. Schlussendlich brachte er mich zu einem Guesthouse in unmittelbarer Nähe des Hafens. Das war genau das, wonach ich suchte! Warum musste mich der Dösbaddel durch die ganze Stadt und in den Vorort kutschieren?! Das Hotel mit Restaurant war gerade erst vor Kurzem von einer Engländerin und ihrer einheimischen Schwester übernommen worden. Sie hatte lange in England gelebt, und sich dazu entschlossen, für dieses Projekt wieder in die alte Heimat zurückzukehren. Ihre ganze Familie war über die Welt verstreut, besonders die Mutter in New York freute sich darauf, dass sie die beiden Töchter nun leichter besuchen könnte. Ich war mir ganz sicher, dass sie – so freundlich wie sie mich empfangen hatte - den Laden bald zu etwas Blühendem entwickeln würde. Bereits zum

Lunch war das Restaurant gut gefüllt von Einheimischen. Anders das Hotel, da war ich einziger Gast, konnte mir das beste Zimmer aussuchen. Ein Tee wurde serviert mit einem Muffin, das tat gut, denn in Bequia hatte ich noch nicht gefrühstückt. Im Verlauf des Tages schlenderte ich durch Kingstown, kaufte Saft und Kekse, erkundigte mich nach den Verbindungen der Minibusse und nahm am Nachmittag einen nach Blue Lagoon.

Das war eine der Möglichkeiten, wo unsere Yacht auf der Rückreise hätte ankern bzw. an einer Mooring liegen können. In der malerischen Bucht war die Skiathos aber nicht zu finden, so fuhr ich in die Stadt zurück. Für den Abend hatte meine Gastgeberin etwas zu essen reserviert. Das Restaurant war aber geschlossen, die Servicekraft bereitete für mich den Fisch mit Beilage in der Mikrowelle.

Das mag ich überhaupt nicht, probierte nur wenig. Ging früh zu Bett.

Freitag, 30.12.2011
Da sich im Haus noch gar nichts tat, pilgerte ich bis zur nächsten Kreuzung und stand um 7:10 Uhr, kurz nach Öffnung, als erster Kunde bei Subway. Das Brötchen mit Ei und Käse war gar nicht so schlecht, und der Kaffee auch nicht. Dann musste ich mir nur noch Geld besorgen und schon konnte der Ausflug beginnen.
An diesem Tag wollte ich auf der Leeward-Seite in den Norden der Insel, bis nach Chataubelair. Am Sammelplatz der Minitaxis stand auch gleich ein Fahrzeug, und ab ging die Post. Wie gehabt, unterwegs wurde zu- und ausgestiegen, und das für einen sensationell günstigen Preis. Mit den 40 East Caribbean Dollar, EC, die ich für die erste Taxifahrt gezahlt hatte, könnte man mehrfach die ganze Insel bereisen (Umrunden ist nicht möglich, die Straßen westlich und östlich verlieren sich im Nichts. Kurz und gut, das Taxi fuhr nur bis Wallilabou Bay.
Dort gab es einen Wasserfall, den ich auch finden konnte. Das kurze Bad war erfrischend, das Wasser hätte aber durchaus etwas wärmer

sein können. Ein weiterer Minibus fuhr bis Chateaubelair, diesmal dudelte keine Musik aus dem Lautsprecher, der Fahrer hörte ganz verhalten eine Predigt. Tatsächlich waren rechts und links der Strecke lauter Kirchen zu sehen, anglikanische, katholische, methodistische und noch mindestens eine Hand voll anderer Glaubensrichtungen, alle christlich orientiert. Das war etwas, was man auch in Afrika sehen konnte. Jede/r hat seine/ihre ganz eigene christliche Auslegung und -richtung. Alle fühlen sich von den jeweils anderen sehr verschieden. Ökumenisches Bestreben scheint noch in weiter Ferne.

Schließlich wurde der Bus zum Bersten voll, da traf es sich, dass ein SUV daherkam, und ich durfte umsteigen. Ganz bequem erreichte ich Chataubellair. Je weiter es nach Norden ging, desto unbewohnter wurde die Insel und desto wilder die Natur. Schroff die Hänge, wild exotisch der Bewuchs. Grüner Dschungel an den Hängen und in den Tälern, steile Serpentinen, hohe Berge, malerische Buchten, kleine Ortschaften, einfache Behausungen, wartende Menschen an den Bushaltestellen und vor den Häusern, ungezwungene Lebensweise.

Der Fahrer bot an, mich wieder nach Wallilabou Bay zurück zu fahren.

Wir vereinbarten einen Preis, und ich konnte an vielen Stellen anhalten, um zu photographieren, wunderschöne Landschaftsaufnahmen.

In der Bucht zeigte er mir den Zugang zu der Stelle, wo der Film *´Fluch der Karibik´* gedreht wurde, eine besonders reizvolle

Umgebung. In dem Restaurant aß ich Lunch, sehr lecker. Unter der kleinen Überdachung des Anlegers saßen zwei Männer und warteten auf Yachten, denen sie etwas verkaufen wollten.
Ein Junge lag ihnen zu Füßen. „You want to buy this child?" Der Vater hatte sich wohl gerade über seinen Sohn geärgert. „Because he´s so nasty?" meine Frage. Heftiges Nicken von Vater und Sohn :)

Auf der Rückfahrt ließ ich mich noch in einem Beach-Resort absetzen, ich hatte Kaffeedurst. Die Anlage war schon sehr schön angelegt, lauter kleine Bungalows bester Ausstattung, feiner Sand dazwischen, Palmen, Strandbars, Restaurant und ein Café. Plötzlich fühlte ich mich wie in einer anderen Welt, vollkommen abgeschnitten von dem, was ich gerade da draußen erlebt hatte: diese unglaublich üppige Landschaft, die Siedlungen der Menschen, das Leben darin, die Armut, die Musik, die Kirchen, die Kioske, die Autowerkstätten, die Autowracks, der Müll am Straßenrand, all das war wie weggeblasen und verschwunden. Stattdessen eine Anlage, in der ganz uniform ein Häuschen dem anderen glich, alles piekfein herausgeputzt, ganz wie daheim. Mir würde Vieles fehlen, würde ich nur einen Urlaub in solch einem Resort buchen. Das letzte Minitaxi kam mitten in der abendlichen Quirligkeit in Kingstown an. Es war berauschend, wie die Menschen da saßen, standen, liefen, tranken, tanzten, handelten, einkauften, aßen, plauderten und taten.

Eine bunte Menge bevölkerte die Straßen und Plätze, und für die 500 m zu meiner Herberge ließ ich mir ganz viel Zeit, stand lange an einem Platz und photographierte mit dem Tele-Objektiv, Straßenszenen. Leute mit Rasta-Mähne, vollschlanke Damen, hübsche junge Frauen und Männer, Marktfrauen,

Händler, Polizisten, das pralle Leben. An einem Stand kehrte ich ein, die Frau saß hinter einer Kühlbox auf einer Bank, einer Open-Bar. Sie verkaufte Bier und Rum, allerdings nicht als Punch. Ich trank ein Bier. Sie war lange Zeit in Kanada gewesen, nun wieder zurück in ihrer Heimat. Ob es ihr dort nicht zu kalt sei, wollte ich wissen. Nein, sie mochte die Kälte. Ob sie den Kanadischen Pass habe. Nein, den bekäme man nur durch Heirat oder durch Nachweis solider Einkünfte. Irgendwann wolle sie wieder dorthin. Nachdem ich dort gegangen war, rannte sie mir noch hinterher, ich hatte meinen kleinen Rucksack vergessen.

Als ich schließlich an meinem Guesthouse ankam, war auf dem Platz davor bereits eine Disco in vollem Gang. Sehr laut, genau wie in Bequia. Später am Abend ging ich wieder vor die Tür, es war eine schöne Atmosphäre. Die jungen Leute standen herum, suchend blickend, sich findend, oder auch nicht findend, mehr oder weniger bekifft bzw. betrunken, aber ein offenes, friedliches Miteinander.

Neben mir stand Devon, er wollte wissen, ob ich mich wohl fühlte. Ja, konnte ich guten Gewissens sagen. Es ist Jahrzehnte her, dass ich in Deutschland eine Disco besuchte. Im Ausland ist eben alles neu und spannend, so auch dieser Abend und diese Szene. So langsam hörte ich mich auch in die Musik ein und erkannte Songs, wie sie zu Weihnachten auch in Bequia gespielt wurden, ganz schön. Mit Devon kam ich ins Gespräch, wir verabredeten uns für den nächsten Tag, da wollte ich die östliche Seite der Insel kennenlernen, er wollte mich begleiten.

Samstag, 31.12.2011
Diesen Tag hatte ich vorgesehen für eine Fahrt entlang der Ostküste, der Atlantikseite. Devon war natürlich nicht gekommen, hatte wohl zu lange gefeiert, schade. Ein Sammeltaxi war schnell gefunden, ich konnte vorne sitzen, hatte gute Sicht. Das Taxi nahm den Weg um die Südspitze, am alten Flugplatz vorbei, am neu entstehenden vorbei, bis hinauf nach Georgetown.

Schon während der Fahrt zeigte sich das Meer aufgewühlt, es windete ordentlich, und die Wellen bildeten an den Stränden eine starke Brandung bzw. klatschen mit großer Wucht gegen die Felsen. Georgetown, so erfuhr ich später, war besonders hart von einem der letzten Hurricanes getroffen worden, eine ganze Reihe von Häusern war zerstört und verwaist. Nördlich von

Georgetown hätte man einer Wanderpfad nehmen können, den Soufriére Cross Country Trail, über den man auf die jeweils andere Seite gelangt. Das interessierte mich, und daher fuhr ich noch weiter nördlich bis Sandy Bay. Dort kehrte ich um, ging entlang der Küstenstraße wieder zurück nach Georgetown. Für die Wanderung hätte ich einen Führer benötigt, zudem war es zu spät am Tage, man hätte früher da sein müssen. Mittags gab es ein leckeres Hühnchen-Gericht an der Bushaltestelle. Ich machte mich noch weiter zu Fuß auf den Weg, schließlich konnte man ein Sammeltaxi überall anhalten.

Schon weit hinter dem Ortsausgang hielt ein Auto an mit einem Rastaman am Steuer und seiner Mutter. Er lebte auf Bequia, besuchte über Neujahr seine Verwandtschaft. Sie wollten Brot einkaufen und nahmen mich ein Stück mit. Wir kamen ins Gespräch, die Mutter war sicherlich über 80 Jahre alt, trotzdem noch sehr fidel und humorvoll. Beide schienen ziemlich bekifft, sie kicherten so typisch merkwürdig, trotzdem sehr nette Leute. Auf dem Rückweg nahm der Minibus eine andere Strecke, diesmal durch das Landesinnere. Die Insel scheint überall stark bewohnt, bis hoch in die Täler hinein sieht man mehr oder weniger schöne Häuser.

Zum Jahreswechsel, so konnte ich erfahren, geht man traditionell zum Gottesdienst in die Kirche. Davon gibt es ja reichlich viele: Katholiken (in der Minderheit), Anglikaner, Methodisten, Baptisten, Seven Days Adventists, und noch einige andere. Die Straßen waren ganz leer, nur aus den vielen Kirchen drang diesmal die Musik (ansonsten plärrt ja aus tausend Lautsprechern das typisch karibische Gedudel). Ich ging also auch in die Kirche so um 23:00 Uhr, da hatte der Gottesdienst schon angefangen. Die Türen und Fenster waren weit geöffnet, und man konnte zwanglos hinzukommen. Die Predigt hielt der Bischop of St.Vincent and the Grenadines, ein wortgewaltiger Mann. Er wetterte eifrig gegen Selbstsucht und Egoismus und hatte auch schon Schuldige ausgemacht: die Aktionäre. Offensichtlich scheint die Geldkrise noch nicht vorbei zu sein, ich hatte bislang keine Gelegenheit, das zu verfolgen. Fernsehen schaut hier kaum jemand, scheint wenig verbreitet. Um Mitternacht wünschten sich alle miteinander - so wie sonntags beim Friedensgruß - ein gutes neues Jahr! Manch eine/r grüßte fast die ganze Gemeinde, ein sehr freudiges Ritual. Kurz darauf ging ich ins Freie und sah lediglich eine einzige Rakete, mit privatem Feuerwerk wird also so gut wie gar nicht geböllert. Auch in den Straßen tat sich um die Uhrzeit wenig. Lediglich am Marktplatz war, wie auch tags zuvor, eine Disco aufgebaut.

Kein Grund für mich, noch länger aufzubleiben. Ich ging bald darauf zu Bett, erstaunt darüber, wie ruhig hier das

neue Jahr begrüßt wurde.

Sonntag, 1.1.2012
Die Stadt lag morgens noch im Schlaf, aber die Stadtreinigung war bereits aktiv gewesen. Es sah sauber und gepflegt aus auf den leeren Straßen, ganz im Gegensatz zur letzten Nacht. *„Mein Schiff"* hatte festgemacht, und die ersten Deutschen schlenderten neugierig durch die Straßen.

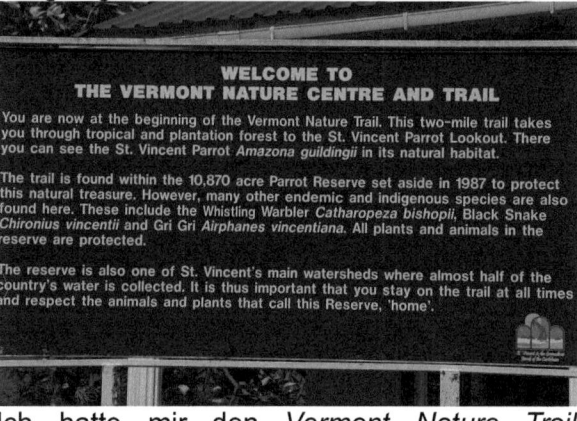

Ich hatte mir den *Vermont Nature Trail* vorgenommen, ein Wanderpfad im Landesinneren. Das Sammeltaxi war nicht leicht auszumachen, an Feiertagen haben wohl die regulären und weitaus teureren Taxis die Hoheit, die Sammeltaxis machen sich rar und überlassen das Feld. Ich hatte besonderes Glück, der Fahrer hatte den Auftrag, einige GottesdienstbesucherInnen von der Kirche abzuholen und genau in das

Tal zu bringen, an dessen Ende der Pfad begann. Seine Kutsche war also mit sagenhaften 18 Personen, überwiegend älteren Damen, wenigen Herren und einigen Kindern gefüllt, alle in bester Festtagskleidung, sodass er nun nach und nach jede/n Einzelne/n vor dessen/deren Haustür absetzen konnte. Ganz zum Schluss musste auch ich das Taxi verlassen und das letzte Stückchen zu Fuß laufen.

Dafür wurde ich aber schon nach wenigen Metern belohnt. Die letzten Häuser ließ ich hinter mir, und es eröffneten sich wundervolle Aussichten auf die Bergwelt. Der leicht bewölkte Himmel sorgte für ein tolles Farbenspiel in allen erdenklichen Grüntönen. Schließlich erreichte ich die Station am Eingang des Naturparks. Eintritt wurde nicht verlangt. Es waren bereits zwei geführte Reisegruppen vom „*Mein Schiff*" unterwegs.

Der Pfad führte direkt hinein in einen wunderbar dicht wuchernden Regenwald. Über unzählige Stufen – natürlich aus Holzstämmen angelegt – ging es bis weit hinauf.

Die Sonne schickte zuweilen ihre Strahlen bis ins Unterholz, dann leuchtete und strahlte das Blattwerk in einer ganz unwirklichen Umgebung.

Natürlich war es absolut ruhig, nur die Vögel waren zu hören. Bis auf zwei Kolibris habe ich leider keine anderen gesehen, auch keine Papageien. Ganz benommen kam ich nach zwei Stunden aus dem Wald wieder heraus, eine sehr schöne Wanderung.

Auch im Botanischen Garten, in den ich auf der Rückfahrt noch einen Abstecher machte, waren deutsche Gruppen vom Kreuzfahrtschiff unterwegs, kurzer Plausch hier und da, sie fühlten sich wohl auf dem Cruiser und waren begeistert.

Abends hieß es Sachen packen, das Taxi war sehr früh bestellt.

Montag, 2.1.2012
4:30 Uhr klingelte der Wecker, die restlichen Sachen waren schnell gepackt. Um 5:10 Uhr war das Taxi immer noch nicht da. Dann die Rettung, am Hotel um die Ecke wurde ein Gast abgeholt, ich durfte mit. Beim Einchecken war ich der vorletzte, noch einmal Glück gehabt.

Die beiden Flüge verliefen ohne Probleme, kurzes Umsteigen in Barbados, und schon landete ich auf Dominica. Wo ich wohnen würde, wollte der Zollbeamte von mir wissen. Ich hatte eine Telefonnummer bekommen vom Skipperteam. Der Mann zögerte nicht lange und rief dort mit seinem Handy an, sehr nette Geste. Ich verabredete mich in Portsmouth, ca. 20 km entfernt auf der Westseite. Ob dorthin auch Taxis führen, wollte ich von ihm wissen. Ja, für 60 EC. Ob dorthin auch

Sammeltaxis führen, fragte ich nach. Wegen des Feiertags zwar weniger als werktags, aber ich käme schon mit, für 7 EC. Sein Daumen zeigte anerkennend nach oben. Der Weg aus dem Flughafengelände war für Fußgänger nicht vorgesehen, die paar hundert Meter lief ich die Straße entlang. Auf das Taxi musste ich eine Weile warten, doch dann war ich wieder mitten drin im landestypischen Geschehen. Locals stiegen zu, und dann wieder aus. Güter wurden abgeliefert, Zeitungen vorbei gebracht, es wurde gehupt, man grüßte sich lässig, und weiter ging die Fahrt.

Mein Gastgeber in Portsmouth, tief schwarze Hautfarbe, trug lange Rastalocken mit eingewebten kleinen Schmuckstückchen. Sein großer SUV arbeitete sich die steile Holperstrecke den Berg hoch, ganz gegen meine Erwartung. Ich hatte mit einem

Bungalow am Strand gerechnet, wo ich noch ein paar Tage relaxen wollte. Das Zimmer war o.k., die Aussicht eindrucksvoll. Dann klärte sich das Missverständnis. Die Empfehlung stammte noch aus der Zeit der vorherigen Bewirtung, zwischenzeitlich hatte Albert seinen Standort verlegt. Ich malte mir den anstrengenden Weg aus, den ich täglich rauf und runter gehen müsste und lehnte dankend ab. Albert war aber so freundlich, mich wieder nach Portsmouth zu fahren, dort fand sich ein akzeptables Apartment.

Die vorgelagerte *Prinz Ruppert Bay* beherbergte mehrere Wracks, das gab dem Ort einen morbiden Charme. Die Geschäfte auf der Hauptstraße waren auch hier überwiegend geschlossen, kleinere Supermärkte und am Abend auch die Restaurants aber geöffnet. Ich fand ein nettes direkt am Strand, aß leckeren Fisch. Der laue

Wind, die Aussicht auf die Bucht, das gute Essen, ich zählte nun die Tage mit dem Zusatz: schade, nur noch vier.

Dienstag. 3.1.2012
Schon recht zeitig kam ich aus den Federn, ich hatte mir vorgenommen, im *Morne Diablotine National Park* zu wandern. Zum Frühstück kehrte ich in einem etwas auswärtig gelegenen Restaurant ein, denn ein Continental Breakfast schien es im Ort nicht zu geben. In der Nähe des Restaurants gab es eine medizinische Universität, betrieben von Amerikanern. Ich war so froh dass ich dort nicht übernachten musste, es sah ganz furchtbar uniform aus. Dann ließ ich mich mit dem Taxi bis zu einer Abzweigung fahren. Der Fahrer wollte wissen, was ich über Dominica dachte. Ich erzählte ihm von den Vietnamesen, bei denen auch tropisches Klima herrscht, die jedoch viel cleverer und auf dem Kiwief sind, und dass ich den Eindruck hätte, dass hier alle am Schlafen sein. Er konnte sich gar nicht mehr einkriegen vor Zustimmung. Kurz nachdem ich die Stichstraße hoch lief, hielt ein

Kleintransporter, der mich ein gutes Stück den steilen Berg hinauf mitnahm, Mitarbeiter einer Farm. Vor den Hunden brauche ich keine Angst zu haben, sie sein friedlich, würden nur beißen, wenn ich wegrennen würde, ließ mich der Fahrer wissen. Das Rudel, das wir gerade passiert hatten, stürmte hinter unserem Wagen her. Es seien Tiere, die nicht gestreichelt würden und weitgehend wild lebten, ihre Nahrung selbst jagten. Sie kamen kurz nachdem ich ausgestiegen war, nahmen aber – Gott sei Dank – den Weg hinter dem Auto her. Mein Adrenalinpegel pendelte sich wieder auf normal ein. Wieder ging ich eine Weile, dann kam ein Taxi mit einem Mann und seiner Tochter. Sie wollten auf den *Morne*

Diablotine. Ich durfte mit bis zum Anfang des Trails. Mitlaufen wollte ich nicht, hatte ja gerade vor zwei Tagen einen Nature Trail gelaufen. Statt dessen folgte ich der Straße weiter bis zu einem Informationshaus. Das war geschlossen, keine anderen Gäste/Wanderer in Sicht. An der Schautafel konnte ich mich orientieren und herausfinden, dass die ganze Insel von Süd nach Nord von einen Wanderpfad durchzogen ist. Ich entschloss mich diesen Trail zu gehen, da er bis in die Nähe von Portsmouth führte. Schon

bald endete die Asphaltstraße, es ging weiter auf einem Feldweg, dessen beiden parallelen Spuren durch einen mehr oder weniger bewachsenen Mittelstreifen verbunden waren. Es ging sich ganz gut, nun immer abwärts, ähnlich wie auf St. Vincent durch einen Regenwald.

Dann zweigte der Wanderweg ab, wurde zu einem schmalen Pfad und wurde dramatisch abschüssig. Nach der groben Karte, die ich mitführte, schien es mir sinnvoller, den Pfad weiterzugehen. Ich stieg also zurück, und setzte die Wanderung auf dem vermeintlich besseren Weg fort. Es dauerte nicht lange, da nahm der Bewuchs des Weges zu, ich konnte nicht mehr erkennen, wohin ich treten würde. Zudem gab es Krebse in den Wasserpfützen, und ich wusste auch von Schlangen, allerdings nicht giftigen. Und dann war Schluss, der Weg war von Pflanzen zugewachsen, ich musste die ganze Strecke wieder zurück. Also, doch ab auf den gekennzeichneten Pfad. Es gab dort wie in St. Vincent (auch dieser Pfad war u.a. mit EU-Mitteln angelegt worden) Holzstufen, aber durch den ständigen Regen und die hohe Luftfeuchtigkeit waren diese wie auch das übrige Erdreich extrem schlüpfrig.

Ich rutschte mehrfach, fiel aber nicht hin. So ging es in einem fort, mal ein ebenes Stück, dann wieder steiler Abhang. Ausgerüstet war ich für diesen Weg nicht. Wanderschuhe oder zumindest Socken wären notwendig gewesen, denn meine Unterschenkel waren mittlerweile schon recht rot durch das zum Teil dornige Gestrüpp. Meter um Meter kämpfte ich mich weiter voran, an ein Zurück war nicht zu denken. Endlich kam eine Bananenplantage in Sicht und bald darauf ein Haus. Ich kann mich nicht entsinnen, jemals beim Anblick eines Hauses eine solch innige Freude erlebt zu haben.

Vor dem Haus traf ich Hilliare und seinen Nachbarn. Ihnen klagte ich mein Leid und meine Freude, denn ich war auch stolz, diesen Trail geschafft zu haben. Wir klönten eine ganze Weile, und Hilliare zeigte mir zum Abschluss noch eine Hängebrücke, die kurz vor ihrer Fertigstellung war. Er war stolz, daran mit gearbeitet zu haben. Der weitere Pfad würde in Zukunft darüber gehen.

Etwas weiter unten sah ich Menschen im Fluss baden. Genau das machte ich ebenfalls, obwohl ich kein Badezeug dabei hatte, extrem erfrischend.

Erschöpft aber glücklich erreichte ich am frühen Abend Portsmouth. Ein randvoller Tag.

Mittwoch, 4.1.2012
Morgens Fahrt nach Roseau, schöne Küste. Im ersten Abschnitt wieder neue, gute Straße, von Chinesen gebaut. Sie werden von den Locals als Workaholics eingestuft, arbeiteten von früh morgens bis spät abends.
Ein LP empfohlenes Guesthouse war nicht weit entfernt, schönes, sauberes, wenn auch kleines Zimmer direkt unterm Dach, mit Balkon, ganz nach meinem Geschmack.

Am Nachmittag noch die Fahrt zu den *Trafalgar Falls*. Es war bereits 16:00 Uhr, um ca. 18:00 Uhr ging die Sonne unter, und dann hatte man das Gefühl, in tiefer Nacht zu sein. Der Fahrer versicherte mir aber, dass um 18:00 Uhr noch Sammeltaxis zurück nach Roseau fahren würden. Ich ging zu den Fällen, einem Father Fall und einem Mother Fall, und aus einer anderen Quelle speiste sich ein Sulfur Bad. Dort stieg ich hinein und genoss das warme Wasser. Dann wurde der Regenwald seinem Namen gerecht, es kam ein tropischer Regen herunter. Ich konnte gerade noch meinen Rucksack unter einem Überhang verstauen. Schon bald machte ich mich wieder auf den Rückweg, um nicht dort festzusitzen. Bald erreichte ich die Bushaltestelle, wo einige Jugendliche sich gerade bekifften. Es zog sich hin, und ein Taxi wollte einfach nicht kommen. Schließlich passierte das doch. Ich fragte den Fahrer, ob er ich nach Roseau mitfahren könne, da eröffnete er mir, dass sein Dienst für den Tag zu Ende sei, und dass sein Sammeltaxi nun ein reguläres Taxi sei. Ich könne mitfahren, jedoch nur zum 8-fachen Preis. Natürlich war ich stinkig, über den Tisch gezogen zu werden, akzeptierte aber, denn dort wollte ich nicht bleiben.

Abends aß ich wieder mal in einem einheimischen Imbiss-Restaurant. Wie schon auf St. Lucia wurde Reis neben Nudeln und Kartoffel gereicht, nicht ganz mein Geschmack, aber der Fisch hatte festes Fleisch, war lecker.

Donnerstag, 5. Januar 2012

Schon sehr früh machte ich mich auf den Weg nach Laudat, einer Ansammlung von wenigen Häusern, Dominicas höchst gelegene Ortschaft. Dorthin verkehrten noch weniger local taxis als nach Trafalgar, daher wollte ich sehr rechtzeitig wieder zurück sein. Von *Laudat* aus, dort war es zu dieser Tageszeit noch recht kühl, machte ich mich auf den Weg zum *Freshwater Lake*, es ging steil hoch.

Über die umliegenden Berge pfiff ein kühler Wind, die mächtigen Nebelschwaden hüllten die Bergspitzen ein, ein fortwährendes Spiel von Sonne und Wolken. Nach einer Stunde erreichte ich den See, sehr schön gelegen, eingebettet in ein wunderbares Bergpanorama. Die Restauration hatte leider geschlossen, ich hatte – bis auf eine Grapefruit - noch nicht gefrühstückt. Ein weiterer See, der *Boeri Lake*, sollte praktisch gleich um die Ecke liegen, gerade mal 45 Min. entfernt. Auch dahin zog es mich noch. Als der Weg jedoch in einen Pfad mündete, wurde ich erinnert an den Morne Diablotine Pfad. Der steckte mir noch in den Knochen. Ich ging ca.

15 Min. weit noch einmal steil den Berg hinauf. Es boten sich wunderschöne Aussichten auf die *World Heritage Site Morne Trois Pitons*. Als es dann steil bergab ging – dort hätte ich ja wieder zurück gemusst, wollte ich mich nicht länger quälen und trat den Rückweg an.

Bis dahin war ich vollkommen allein unterwegs gewesen. Nun kam mir eine kleine Touristengruppe entgegen. Sie versuchten mich noch einmal umzustimmen und mit ihnen zu gehen, ich war aber bereits schon wieder recht weit abgestiegen und blieb bei meinem Entschluss. In Laudat kam just ein junger Mann auf seinem Moped an, den sprach ich an, ob er mich nach Roseau mitnehmen könne. Er willigte ein. Die steile, zum Teil noch nasse, alpine Strecke hinunter zufahren, war ein echtes Abenteuer. Ich bläute ihm noch ein, dass er bloß nicht die Vorderradbremse zu stark betätigen sollte. Als Jugendlicher hatte ich mich auf diese Weise mal so richtig auf den Pinsel gelegt. Erleichterung, als wir in *Roseau* unbeschadet ankamen.

Den Rest des Tages ruhte ich, ging noch einmal durch die Stadt, trank Kaffee, guckte Fernsehen und fing an zu packen. Am Abend, auf der Suche nach einem Restaurant, entfaltete sich in unmittelbarer Nähe zu meinem Guesthouse eine Aktion, die man durchaus als ein wichtiges Puzzlestück zum Verständnis der Menschen ansehen könnte. Als ich das Haus verließ, war die Straße, nicht etwa eine Nebenstraße, gesperrt durch große SUVs. Es wurden dort Gerätschaften aufgebaut, ich wunderte mich. Als ich nach dem Essen zurück kam, standen an eben dieser Stelle Menschengruppen in vier großen Kreisen, sie hielten eine Art Gottesdienst ab. Ein Laienprediger lud Passanten in den Kreis ein, man lauschte gemeinsam einer Ansprache, die mittels Lautsprecher von einem der SUVs ausgestrahlt wurde, es wurde gesungen und anschließend zum Gebet aufgerufen in den einzelnen Kreisen. Aus purer Neugierde stellte ich mich in einen Kreis, ließ mich durch und mit den anderen, vorwiegend Frauen und Kinder, von der Stimmung einfangen. Der Laienprediger begann eine Art Sprechgesang, den die Teilnehmer mit Zurufen „Jesus, our Lord" und ähnlich befeuerten. Es dauerte nicht lange, und ich fühlte mich berauscht. Die Stimmung steigerte sich, die Lautstärke nahm zu, man bewegte sich im Rhythmus, der Kreis entwickelte sich zu einem Gospelchor. Es waren nicht die lautstarken Beschimpfungen und Pfiffe bekiffter Jugendlicher, die die Gemeinde aus ihren Träumen riss, es war eine Autofahrerin, die ihren Parkplatz verlassen wollte und durch die Menge musste. Es half nichts, man machte Platz, die leicht euphorische, Séance-artige Atmosphäre war dahin, wie schade. Beeindruckt machte ich mich auf den kurzen Weg zu meiner Unterkunft. Ja, die Karibik hat mit einigem zu kämpfen, Armut, Drogen, Alkohol, um nur das Offensichtliche zu benennen. Ob da derlei Aktionen wirklich helfen können, scheint mir wenig wahrscheinlich.

Wahrscheinlicher scheint mir, dass die Moslems, die bislang nur vereinzelt im

Straßenbild zu sehen sind, an Zulauf gewinnen. Eine Religion, die den Rest der Menschheit als ungläubig diffamiert und ihren Gläubigen bis in sämtliche Lebensbereiche eindeutige Vorgaben anbietet, zieht genau die jene an, die die Entwicklung ihrer Eigenständigkeit der Sharia überlassen. Davon gibt es ja mittlerweile weltweit schon 1,7 Milliarden. Zwei vollbärtige Überzeugungstäter saßen vor einem Haus auf dem Bürgersteig. Mit ihren Laptops konnten sie sich vermutlich in ein ungesichertes Wlan-Netz einwählen. Die Vorstellung, dass sie sich gerade eine Hass-Predigt reinzogen, mochte ich mir ebenso wenig ausmalen wie die, dass die hübsche, karibisch bunt gekleidete Damenwelt unter einer Burka verschwindet. Religion kann wirklich grausam sein.

Freitag, 6.1.2012
Das Einchecken in die Speedboot-Fähre gestaltete sich wie in einem Flughafen. Das Gepäck wurde durchleuchtet, man wurde untersucht und durfte dann an Bord.
Mit hoher Geschwindigkeit pflügte das Boot durch die See. Roseau verschwand langsam im Hintergrund, Dominika präsentierte sich als Panorama, Segelboote unter Vollzeug im Vordergrund, grün bewaldete Bergkulisse in der Ferne, eine liebenswerte, noch eine herrlich verschlafene Naturschönheit.

In Martinique anzukommen bedeutete fast einen Schock. Heftiger Autoverkehr, europäisches Straßenbild, Staus auf der Autobahn, es wurde Zeit zum Flughafen zu fahren.
Die Airbus-Maschine von Air Caraibes kam mit leichter Verspätung an, ich ging an Bord und gab mich in mein Schicksal ein. Im Falle eines Unglücks lässt sich ja eh nichts machen. Wie schwerwiegend das Gewitter war, durch welches wir hindurch mussten, kann ich aufgrund meiner begrenzten Erfahrung nicht sagen. Aber es fiel auf, dass recht schnell nach dem Start das Essen serviert wurde wohl in der Hoffnung noch vor den Turbulenzen damit fertig zu sein. Die Rechnung ging nicht auf. Die Flugzeugbewegungen wurden heftiger, Tabletts mit Essensresten rutschten von den Klapptischen in die Gänge, das Bordpersonal musste sich ebenfalls hinsetzen

und anschnallen, und in den beiden folgenden Stunden hatte man das Gefühl gerade an einer Kuchenschlacht teilgenommen zu haben.

Samstag, 7.1.2012
Landung in Paris, Transfer vom Flughafen Orly nach Charles-De-Gaulle, Zwischenstopp in der Innenstadt, Besuch von Notre-Dame und Sacre Coeur, Landung in Hamburg. Ruck-zuck war ich wieder zuhause, da wo die Menschen vermummt und stumm in einer gut funktionierenden U-Bahn sitzen. Man braucht eine ganze Weile, sich an die (soziale) Kälte zu gewöhnen...

Nachwort
Gut drei Jahre nach dieser Reise und den Erfahrungen weiterer Reisen nach Asien, in die Karibik und nach Indien habe ich eingesehen, dass meine Vorstellungen bezüglich einer ökologisch vertretbaren Form zu reisen vollkommen weltfremd waren. In den Nachrichten war vor Kurzen zu hören, dass in 2013 über drei Milliarden Menschen mit einem Flugzeug transportiert wurden. Sicherlich werden die Vielflieger die absolute Zahl der Menschen unter die Milliardengrenze drücken (wäre interessant zu wissen). Im gleichen Zeitraum produzierten die drei größten Autobauer Toyota, VW und GM über 30 Millionen Fahrzeuge. Und die Prognosen für weiteres Wachstum dieser Industrien, z.B. die Bestellungen bei Airbus oder Boeing, lassen bei mir keinen Zweifel darüber, wie sich die Umwelt entwickeln wird. Leute fliegen um die ganze Welt, nur um an einer Diskussion teilzunehmen oder einmal auf dem catwalk zu laufen. Wer wollte es ihnen verübeln?!
Die Menschheit rast in Zustände hinein, die einem Angst und Bange machen können. Aber nicht nur aus ökologischen, auch aus politischen, sozialen und religiösen Gründen wird die Devise der Zukunft möglicherweise lauten: ´Anschnallen bitte, es könnten Turbulenzen zu erwarten sein!´
Wird die Weltbevölkerung noch in dem gleichen Maße wachsen wie in den letzten

Jahrzehnten? Wie lange wird sich der materiell reiche Westen gegen Armut und Überbevölkerung noch abschotten können? Wie werden sich Menschen verhalten wenn lebenswichtige Ressourcen zur Neige gehen? Wie werden unvermeidbare religiöse Konflikte zwischen den einzig ´Rechtgläubigen´, den Muslimen und der restlichen Menschheit, den ´Ungläubigen´ gelöst?

Jeder, der sich mit offenen Augen und wachen Sinnen die Welt anschaut, wird unweigerlich mit diesen Fragen konfrontiert. Es bleibt zu hoffen, dass kreative Köpfe und mutige Menschen diesen Gefahren trotzen können. Das Internet ist der Beweis dafür, dass revolutionäre Entwicklungen möglich sind, die die gesamte Welt verändern können. Zu wünschen wäre, dass sie uns erhalten blieben, die Schönheit und der Reichtum unserer unfassbaren Welt.

Empfehlenswerte Bücher

Juan Baader u.a.	Seemannschaft Hanbuch für den Yachtsport Delius Klasing
Sir Francis Chichester	Held der sieben Meere Allein um die Welt in einer Einhandyacht Frederking & Thaler
D.H.Clarke	Sie waren die ersten Segler bezwingen die Meere Delius Klasing
K.Adland Coles	Schwerwettersegeln Delius Klasing
Wilfried Erdmann	Mein Schicksal heißt „Kathena" dtv junior
Wilfried Erdmann	Allein gegen den Wind Nonstop in 343 Tagen um die Welt Delius Klasing
Hans Habeck	Mal seh´n wie weit wir kommen Mit dem Kleinboot um die Welt Delius Klasing
Rüdiger Hirche Gabi Kinsberger	Vom Alltag in die Südsee Delius Klasing

Rüdiger Hirche	Blauwassersegeln heute
Gabi Kinsberger	Planung
	Ausrüstung
	Praxis
	Delius Klasing
Rüdiger Hirche	Amateurfunk an Bord
	Praxiswissen
	Delius Klasing
Bernard Moitessier	Der verschenkte Sieg
	Delius Klasing
Sönke Roever	1200 Tage Samstag
	Weltumseglung mit HIPPOPOTAMUS
	Delius Klasing
Uwe Röttgering	Die See gehört mir
	Delius Klasing
Bobby Schenk	Blauwassersegeln
	Delius Klasing
Sprungala	Blue Ship
Radtke	Zwei Männer und viel Meer
	Delius Klasing

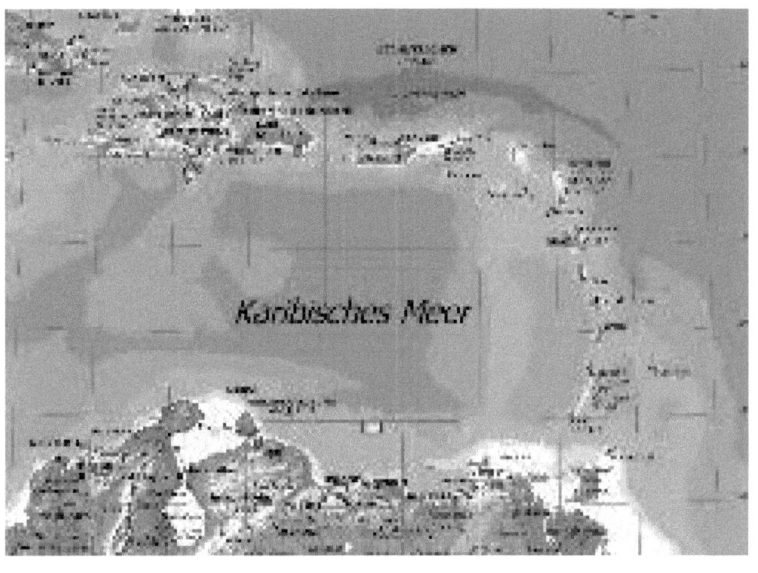

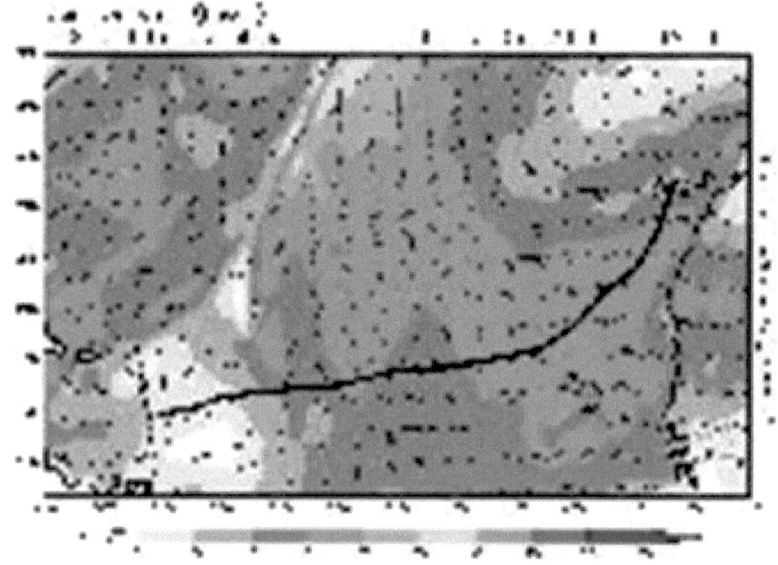